PROCÈS

ET

ACQUITTEMENT

DE

CABET,

ACCUSÉ D'ESCROQUERIE

AU SUJET DE L'ÉMIGRATION ICARIENNE.

HISTOIRE D'ICARIE.

1re et 2e parties,
9 FEUILLES ET 1/2 OU 152 PAGES,
Prix : 1 fr. — Par la poste 1 fr. 50 c.

A PARIS,

AU BUREAU DU RÉPUBLICAIN, 5, RUE BAILLET,

ET CHEZ TOUS LES LIBRAIRES.

Octobre 1851.

PROCÈS ET ACQUITTEMENT

DU

CITOYEN CABET

ACCUSÉ D'ESCROQUERIE

POUR L'ÉMIGRATION ICARIENNE.

AVERTISSEMENT,

Nous divisons cette brochure en deux Parties : les faits préliminaires au Procès et le Procès lui-même.

Nous commençons par donner, le plus rapidement possible, une idée générale du Socialisme et du Communisme, du système Icarien, des ouvrages qui l'expliquent, de sa propagande, de l'Émigration Icarienne, et de la persécution dirigée contre les Communistes : la connaissance de ces faits préliminaires est indispensable pour bien apprécier le Procès dont il s'agit et pour faciliter notre *propagande*.

Iʳᵉ PARTIE. — FAITS PRÉLIMINAIRES.

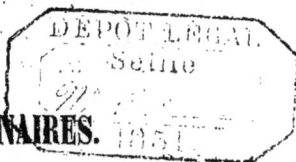

§ Iᵉʳ. — Deux mots sur l'accusation.

Accusé, condamné sans avoir été entendu, je pourrais, s'il ne s'agissait que de moi seul, dédaigner de me défendre et me résigner à attendre justice de l'avenir, en me bornant à livrer à l'examen du public ma vie, mon caractère, mes actes et mes nombreux écrits.

Mais on m'a fait l'honneur de me mettre au rang de ceux qu'on appelle *Philosophes* et *Réformateurs* ; on me désigne comme *chef d'école*, de secte, de parti. J'ai soumis à mes concitoyens et aux amis de l'Humanité dans tous les pays, le plan d'une grande réforme universelle, un nouveau système d'organisation sociale et politique, dans le but d'assurer le bonheur du Genre humain ; je suis l'initiateur d'une grande Emigration d'Europe en Amérique et fondateur d'une vaste Colonie qui doit réaliser mes doctrines, mes plans et mon système, en créant dans le désert une Société nouvelle et un Peuple nouveau ; et, sous ce rapport, m'attaquer c'est attaquer mes disciples, mes sectateurs, mes partisans, mes compagnons d'émigration et de colonisation ; les défendre est pour moi un devoir trop impérieux pour qu'il me soit possible de m'en affranchir ; et c'est pour les défendre tous que je vais me défendre moi-même.

Quelle honte pour la France que je sois obligé, moi l'un des serviteurs les plus désintéressés et les plus dévoués de l'Humanité, de me défendre contre l'ignoble accusation de cupidité, de fraude et d'escroquerie ! On ne voudrait peut-être pas le croire un jour, si l'histoire ne nous montrait pas les plus sincères et les plus ardens amis des Peuples méconnus, calomniés, persécutés, condamnés, martyrisés et flétris !

Et que de calomnies, que de persécutions contre moi depuis 1815 jusqu'en 1850 ! Je n'en citerai qu'un exemple.

Au 16 avril 1848, le Gouvernement provisoire, sa Police et la Réaction, ne répandirent-ils pas subitement dans tout Paris le bruit que j'étais au Champ-de-Mars, sur un cheval blanc, à la tête de 300,000 Communistes, pour m'emparer du pouvoir ? Et la garde nationale ainsi que la garde mobile et partie du Peuple, trompées par la calomnie, ne firent-elles pas retentir la capitale de la civilisation de ce cri sauvage et barbare : *mort à Cabet.*

Mais ce n'est rien encore ! Quand je suis en Amérique, à 3,000 lieues de la France, au milieu de l'émigration que j'ai organisée pour réaliser la Communauté d'Icarie ; pendant que je me dévoue pour fonder la Colonie Icarienne, partageant les fatigues, les privations et les dangers de ceux qui m'appellent leur *Père* ; voici qu'un tribunal de commerce (celui de la Seine) déclare que mon *Voyage en Icarie* et mes nombreux écrits n'ont été imaginés et rédigés par moi que pour escroquer les malheureux en les dépouillant pour m'enrichir. Et voici que (le 29 septembre 1849) sans m'avoir entendu, sur les délations clandestines de quelques misérables, et sur l'avis de deux juges, un tribunal correctionnel (celui de Paris) déclare que mon projet d'émigration n'était qu'une manœuvre frauduleuse imaginée pour consommer la plus vile et la plus odieuse escroquerie !...

Ah ! quoique je doive être bien cuirassé contre l'injustice, je ne puis retenir un cri de douleur et d'indignation. Il faudrait même que je n'eusse plus de sang dans les veines pour ne pas m'écrier : c'est absurde, c'est insensé, c'est infâme !!!

Mais le fait est incroyable..... Et je dis plus, je dis que le tribunal ne l'a pas cru.

Car, s'il était vrai que je fusse coupable d'escroquerie, je serais le plus hypocrite, le plus perfide, le plus odieux, le plus inexcusable des escrocs ; je serais un monstre pour lequel il n'y aurait pas assez de mépris, de boue et de rigueurs ; et si le tribunal m'avait cru criminel, il n'aurait pas manqué de me condamner au maximum de la peine (cinq ans de prison et 3,000 fr. d'amende) tandis que par la plus étrange inconséquence, il ne m'a appliqué que le *minimum* (*deux* ans et *cinquante* francs).

Et je soutiens hautement, moi, qu'il n'est pas un homme, même parmi les juges, plus désintéressé et plus dévoué !...

Et néanmoins me voici condamné comme escroc, et forcé d'interrompre, au grand préjudice peut-être de la Colonie, les immenses travaux que m'impose le devoir de me consacrer à son salut.

Allons, puisqu'il faut me défendre, je me défendrai !...

Et pour ma défense, je citerai d'abord mes écrits. La citation ne sera ni sans instruction, ni peut-être sans intérêt ; car ce sera l'histoire abrégée du *Voyage en Icarie*, de l'Émigration et de la Colonie.

Le tribunal de commerce a prétendu que, pour tromper et escroquer, j'avais présenté le *Voyage en Icarie* comme un voyage réel et Icarie comme un pays qui existait réellement. Eh bien ! pour avoir une opinion aussi contraire à la vérité, il faut n'avoir pas lu le *Voyage en Icarie*, ou l'avoir lu sans attention et sans intelligence ; car ouvrons le *Voyage en Icarie*, lisons bien et citons. — Mais auparavant deux mots sur le *socialisme*.

§ II. — Deux mots sur le Socialisme.

Le *Socialisme* est l'opposé de la *Politique* pure. Tandis que la Politique ou l'organisation politique comprend la partie de l'organisation de la Société qui concerne l'intérêt général de la Nation ou du Peuple, le Socialisme comprend la partie de cette organisation qui concerne les intérêts particuliers des Citoyens. La forme du gouvernement (république ou monarchie), les pouvoirs des différents corps et des foctionnaires publics, etc., etc., sont de la *Politique* ou des institutions politiques, tandis que les lois qui règlent le mariage et la famille, l'éducation et le travail, le salaire et la propriété, etc., etc., sont des institutions *sociales* ou du *Socialisme*.

Le Socialisme est la réalisation de la *Société* ou de l'*Association*. C'est le système qui adopte, facilite, applique et développe le principe de la Société ou de l'Association pour l'avantage et l'intérêt des citoyens.

Quand on dit : « Il faut une Réforme ou une Révolution *politique* pour arriver à une Réforme ou à une Révolution *sociale*, » tout le monde comprend ce que signifient ces mots *politique, sociale*.

Il en est de même quand on dit : « La Révolution *politique* est le moyen et la Révolution *sociale* est le *but*; » .... ou quand on dit : « Ce n'est pas seulement une Révolution *politique*, c'est une Révolution *sociale*. »

Il en est de même encore quand on dit : « Il y a des républicains *formalistes* ou *politiques* et des républicains *socialistes*.

Nous ne concevons pas comment il est possible que des républicains, de vrais et sincères républicains, soient seulement formalistes au lieu d'être socialistes; car, la vraie République, c'est-à-dire le gouvernement du Peuple par le Peuple et *pour le Peuple*, est essentiellement *sociale*, comme le pensait ce pur et loyal républicain qui disait : « Toute Révolution qui n'a pas » pour but *d'améliorer profondémeut le sort du Peuple* n'est » qu'un crime remplaçant un autre crime. »

Tout républicain sérieux, tout vrai démocrate, veut donc nécessairement l'amélioration du sort du Peuple, et par conséquent est *socialiste*.

Mais l'expression *Socialisme* ou amélioration sociale, ou système d'association, est bien vague et bien générale; il y a bien des degrés, bien des nuances, dans le Socialisme : diverses corporations ou associations pour le commerce ou l'industrie, l'organisation du travail avec ou sans l'égalité du salaire, les projets de banque du Peuple, etc., etc., sont autant de variétés du Socialisme.

Parmi ces variétés on distingue le *Communisme*, qui n'est autre chose que le Socialisme le plus complet et le plus avancé.

§ III. — Communisme.

Le *Communisme* ou la *Communauté* c'est l'Association la plus générale et la plus complète, celle où il y a le plus de choses *publiques* ou *communes*, et où notamment la propriété, au lieu d'être individuelle, comme aujourd'hui, est sociale ou nationale ou publique ou commune.

Déjà dans la Société actuelle, on peut compter un très grand nombre de choses publiques ou communes, comme les rues, les places, les promenades, les églises, etc., etc, : le Communisme tend à augmenter encore ce nombre dans tous les cas où l'Association est plus utile que l'Individualisme.

Il y a plusieurs systèmes de Communisme, qui diffèrent grandement dans les détails, comme il y a beaucoup de systèmes de Monarchie ou de République très différens dans beaucoup de points. — Les Communautés de Platon, de Morus, de Campanella, de Morelli, de Babeuf, offrent beaucoup de différences quoiqu'en adoptant toutes la propriété commune.

Depuis 1830, quand on commença à reparler de Communauté, il se produisit une petite secte communiste qui laissa saisir dans le bureau de son journal (*l'Humanitaire*) un procès-verbal qui proclamait l'athéisme ou le matérialisme, l'abolition du mariage et de la famille, des beaux-arts et des capitales, et l'établissement immédiat du système communautaire par la révolution, la violence et la contrainte.

Les 30 ou 40 partisans de ce prétendu système étaient pour la plupart des hommes de bonne foi, mais aveuglés par l'irritation que leur causaient les vices de la société, et exploités à leur insu par la Police qui, nous n'en avons jamais douté, avait imaginé ce système d'ultra-Communisme pour flétrir, à sa naissance, décréditer et tuer le vrai Communisme, dont elle redoutait le succès.

Cet ultra-communisme servit en effet merveilleusement la

Police en inspirant autant de dégoût que d'effroi. Il servit de texte ou de prétexte à toutes les diatribes.

Ce fut principalement pour le combattre que je me hâtai de composer et de publier mon *Voyage en Icarie*, qui organise un Communisme tout différent. — Mais l'ultra-communisme n'en servit pas moins de prétexte à toutes les attaques, à toutes les calomnies, à toutes les persécutions et même aux cris de mort contre les *Icariens*, qui peuvent être considérés comme les vrais Communistes.

§ IV. — Voyage en Icarie. — Son but.

La première et la deuxième partie, ou les trente premiers chapitres, contiennent une description, un récit concernant une vaste *Communauté nationale* dans un pays que j'appelle *Icarie*. Ce pays et cette Communauté n'existaient pas et n'existent pas encore, mais sont purement imaginaires, un *roman* philosophique et moral comme la fameuse *Utopie* du chancelier Thomas Morus, comme la *Cité du soleil* du moine Campanella, comme *la République* de Platon. Et j'annonçai tout de suite que ce n'était qu'un *roman*, et que j'avais adopté la forme romantique pour me faire mieux comprendre, mais que dans la réalité, l'ouvrage était un *traité* scientifique sur le meilleur système d'organisation sociale et politique ; car, répondant à des objections qui m'étaient faites, je m'exprimais ainsi dans la troisième partie ou dans le chapitre 31 :

« Quoi ! m'écrivaient d'autres amis, vous faites un *roman* pour expli-
» quer *votre système* de Communauté ! Et vous ne commencez pas
» par exposer *votre doctrine* ! » Eh oui, je fais un *roman* pour exposer un système social, politique et philosophique, parce que je suis profondément convaincu que c'est la *forme* la plus simple, la plus naturelle et la plus intelligible pour faire comprendre le système le plus compliqué et le plus difficile ; parce que je ne veux pas écrire seulement pour les *savans*, mais pour tout le monde ; parce que je désire vivement être lu par les *femmes*, qui seraient des apôtres bien autrement persuasifs, si leur âme généreuse était bien convaincue sur le véritable intérêt de l'Humanité ; parce que je ne veux pas imiter les écrivains appelés les *économistes* qui, comme le dit *Condorcet*, gâtèrent souvent leurs idées par l'abus des termes scientifiques. »

Et plus loin, à la fin de l'ouvrage, je dis :

« Hommes de tous les partis, *étudiez la question* de la Communauté ; car c'est la question du bonheur, la première et la plus importante des questions de morale, de philosophie, d'économie politique et de législation.

» Généreux amis du Peuple, étudiez la question; car il s'agit du bonheur pour le Pauvre et pour le Peuple!

» Généreux philanthropes, étudiez la question; car il s'agit du bonheur pour l'Humanité entière! »

Et dans la préface de la deuxième édition, je m'exprime ainsi :

« Sous la forme d'un ROMAN, le *Voyage en Icarie* est un véritable TRAITÉ de morale, de philosophie, d'économie sociale et politique, fruit de longs travaux, d'immenses recherches et de constantes méditations. »

Et cette deuxième édition porte même pour titre : *Voyage en Icarie*, ROMAN *philosophique et social.*

Et dans la première brochure que je publiai sous le titre : *Comment je suis Communiste*, je dis encore :

« Complètement affermi dans ma première opinion, je rédigeai définitivement mon travail ; et pour mieux faire comprendre, pour faire toucher, comme on dit, au doigt et à l'œil, la Communauté, je fis la description d'une Communauté organisée : pour faire lire ma description à toutes les classes de la Société et aux femmes surtout, j'eus la hardiesse de lui donner la forme d'un *roman* ou d'un *voyage*, et je fis le *Voyage en Icarie*. »

Et tous mes autres écrits, notamment — *Mon credo communiste.* — *Les douze lettres sur la Communauté* — *Le Populaire* — annoncent qu'il ne s'agit pas d'une Communauté réalisée et existante, mais d'une doctrine, d'un système, d'un plan de Communauté *à réaliser.*

Dire que, pour tromper, j'ai présenté la Communauté d'Icarie comme une réalité, c'est donc la fausseté et la calomnie la plus manifeste.

Et affirmer que je l'ai fait frauduleusement dans le but et dans l'intention d'escroquer, c'est aussi absurde qu'infâme ; car écoutez ce que je dis au commencement de la troisième partie :

« Trop longtemps victime de mon dévoûment à la cause populaire pour ne pas m'y dévouer toujours, j'avais résolu, comme Campanella, de mettre à profit le temps d'un long exil pour étudier, réfléchir et tâcher d'être *utile encore à mes concitoyens*, et je préparais pour le Peuple une *histoire universelle élémentaire* lorsque, frappé plus que jamais des *malheurs* de l'Humanité dans tous les pays et dans tous les temps, je m'attachais à en découvrir la *cause* pour en chercher ensuite le *remède*. Et ce remède, je crus le trouver dans le système de la Communauté. »

Dans la préface de la deuxième édition, j'ajoute :

« Mais depuis longtemps, les adversaires intéressés et aveuglés de la Communauté, tout en reconnaissant les prodiges qu'elle enfanterait, sont parvenus à établir ce préjugé — qu'elle est *impossible*, que ce n'est qu'un *beau rêve*, une *magnifique chimère*.

» La Communauté est-elle où n'est-elle pas *réalisable* et *possible*, voilà donc la question.

» L'étude approfondie de cette question nous a profondément convaincu que la Communauté *pourra facilement se réaliser* dès qu'un Peuple et son gouvernement l'auront adoptée...

» C'est pour rendre cette vérité palpable que nous avons rédigé le *Voyage en Icarie.* »

Et à la fin de cette préface, je dis :

« Abreuvé déjà de calomnies et d'outrages, nous avons besoin de courage pour braver la haine des partis, peut-être la persécution : mais de nobles et glorieux exemples nous ont appris que l'homme qu'enflamme et qu'entraîne son dévoûment au salut de ses Frères, doit tout sacrifier à ses convictions ; et quel que puisse être le sacrifice, nous sommes près à l'accepter pour rendre, partout et toujours, un solennel hommage à l'excellence et aux bienfaits de la doctrine de la Communauté. »

Ainsi, la composition du *Voyage en Icarie* fut de ma part une œuvre *de dévoûment* au Peuple et à l'Humanité. Pendant que les autres démocrates français exilés comme moi en Angleterre, ne s'occupaient presque tous que de leurs plaisirs ou de leurs intérêts personnels, moi je consacrais tout mon temps à étudier et à travailler dans l'intérêt du Progrès humanitaire ; je préparais une *Histoire universelle populaire*, un précis de l'*Histoire des Anglais*, un précis de l'*Histoire des Français*, une *Histoire populaire de la grande Révolution française* ; et ces histoires me montrant le *mal* partout et toujours et m'entraînant à en chercher le *remède*, je composai le *Voyage en Icarie*, que, de Londres, je fis imprimer à Paris en 1838, et que je ne publiais que deux ans après son impression, en 1840, après mon retour en France.

Et ce *Voyage en Icarie* (indépendamment des quatre *histoires*) fut le résultat de 35 années d'étude préparatoire antérieure, de l'expérience acquise dans les fonctions de professeur, d'avocat-docteur en droit, de procureur-général et de député, — et de cinq années de travail en exil, travail de 18 et 20 heures par jour, pendant lequel j'épuisai tous les ouvrages socialistes de la grande bibliothèque de Londres en lisant plus de mille volumes.

Je n'ai pas besoin sans doute, malgré les jugemens des tribunaux correctionnel et commercial de Paris, d'expliquer l'*intention* et le *but* de tant de travail et d'étude : quel est, parmi tous les escrocs passés, celui qui aurait pu faire et qui a fait un pareil effort ? Est-il à craindre qu'ils soient nombreux les *escrocs* capables d'en faire autant ? Et, je le répète, n'est-ce pas une honte de parler ici de projet d'escroquerie ?

Et quelle est donc la doctrine de ce *Voyage en Icarie*, de cette Communauté Icarienne, imaginée, organisée et proposée par moi ?

§ V. — Doctrine du Voyage en Icarie.

C'est la doctrine de la *Fraternité* avec toutes ses conséquences, l'*Égalité*, la *Liberté*, l'*Unité* ou la *Solidarité*; c'est la Fraternité mise en pratique, organisée, inspirant, animant, dirigeant tout; les lois et les mœurs ou les usages, l'éducation, le travail et les plaisirs même; — c'est une doctrine de *Justice* et d'*Ordre*; — c'est un système de *secours mutuels*, une *assurance mutuelle et universelle* contre toutes les misères qui assiègent l'Humanité; — c'est une organisation qui coupe la *racine à tous les vices et à tous les crimes*; — c'est la *Démocratie* la plus radicale et la *République* la plus démocratique; — c'est le *progrès* continuel, l'*amélioration* incessante et le *perfectionnement* en tout; — c'est la *philosophie* la plus douce et la *morale* la plus pure basées sur ce précepte, réputé divin, *aime ton semblable comme toi-même; — ne fais pas à autrui... — fais aux autres...* — en un mot, c'est le *Christianisme* dans sa pureté primitive, tel que l'a institué Jésus-Christ.

Et la doctrine Icarienne répète sans cesse : Aime pour être aimé, secours pour être secouru, aide pour être aidé... Point de vengeance ! guerre aux mauvaises institutions, mais indulgence et compassion pour les personnes !

Et toute l'organisation sociale est fondée sur le *Mariage* et la *Famille* purifiés et perfectionnés, sur l'*éducation* et le *travail*...

Et l'*Éducation* est la plus parfaite, pour la femme comme pour l'homme, développant toute l'intelligence et toute la raison accordées par la Nature au Genre humain.

Et le *Travail* est rendu facile, court, sans fatigue et sans danger, même attrayant, au moyen des machines multipliées à l'infini.

Et la *Religion* d'Icarie est la plus simple et la plus sublime; car l'homme, fils de Dieu, heureux par les bienfaits de l'Être suprême, ne peut plus avoir que de la reconnaissance pour l'Auteur de sa félicité.

Voilà la Doctrine Icarienne répétée dans tous mes écrits... Est-ce là le prélude et la manœuvre d'un ESCROC? Oser le prétendre, n'est-ce pas un aveuglement qui va jusqu'à la démence ?

§ VI. — Réalisation pacifique. — Propagande légale.

Et par quel moyen ai-je cherché à réaliser mon système de Communauté? Est-ce par la force et la violence, en l'imposant par une révolution, par une insurrection, par une émeute, par une conspiration, par des sociétés secrètes? Non, tous ces moyens violens, je les ai repoussés dans mon *Voyage en Icarie* (3e partie), où j'ai dit :

« Et ma conviction sur ce point est tellement profonde que, si je tenais une révolution dans ma main, je la tiendrais fermée, quand même je devrais mourir en exil. »

Je n'adoptai donc et n'employai que la propagande légale et pacifique, la prédication écrite, la discussion et la persuasion ; je n'invoquai pour établir la Communauté en France et dans toute autre vieille société que l'opinion publique, le consentement volontaire et libre de chacun, la volonté générale exprimée par la loi.

Je développai constamment, dans tous mes écrits postérieurs, ce plan de propagande légale et pacifique; et, pour le mieux faire adopter par le Peuple, je composai et publiai plus de quarante brochures, un journal, le *Populaire*, et un grand ouvrage, le *Vrai Christianisme*, fruits d'immenses recherches et d'un immense travail.

Et je donnai toutes les raisons qui pouvaient exister pour faire préférer la persuasion à la violence, la propagande à la force, la réforme à la révolution.

Et mes principaux motifs, pour n'être pas impatient de voir une révolution étaient : 1° que la masse était encore (par suite d'une longue oppression) trop peu éclairée, trop inexpérimentée, trop ignorante de ses véritables intérêts, trop crédule, trop facile à égarer, trop disposée à servir d'instrumens à ses ennemis contre ses véritables amis ; 2° que le même Peuple n'avait pas des chefs assez désintéressés, assez dévoués, assez expérimentés, assez habiles et capables.

Ah ! tout ce qui s'est passé depuis la Révolution de Février a prouvé que je n'ai été que trop prophète sur ces deux points, — comme j'ai été prophète, quand j'ai dit à Louis-Philippe que, en adoptant son système de résistance, il se condamnait à mitrailler les Français (ce qui m'a valu cinq années d'exil), mais qu'il se condamnait en même temps à tomber dans l'abîme, — comme j'ai été prophète, quand j'ai prédit que les fortifications de Paris ne seraient que des *bastilles*, et que le *National* ou ses amis s'en serviraient pour foudroyer les Parisiens, — comme j'ai été prophète en prévenant le Gouvernement provisoire, dès le 29 février, quatre jours après la Révolution, qu'il allait se perdre lui-même en compromettant la République et la Révolution !

Quoi qu'il en soit de ces prophéties, un fait certain et incontestable, c'est que je n'invoquai jamais que la propagande légale et pacifique pour établir et réaliser mon système de Communauté ; et un autre fait également incontestable, c'est que je déclarai toujours que la réalisation immédiate et subite de la Communauté, en France, me paraissait matériellement impossible, qu'un *régime transitoire* et préparatoire, plus ou moins long, me paraissait indispensable, et que ce régime transitoire et préparatoire devait être tout simplement la République et la Démocratie.

Et cette modération de ma part était la preuve d'un indubitable dévoûment ; car si au lieu de me déclarer ainsi Communiste, et Communiste patient et pacifique, je m'étais, en revenant de l'exil, déclaré simplement Républicain révolutionnaire, j'aurais pu (et je le dis sans crainte comme sans orgueil, parce que c'est un fait notoire, et que d'ailleurs la calomnie me réduit à parler sans réticence pour l'anéantir), j'aurais pu devenir, à cette époque, l'idole du Peuple ; mais homme de conscience et de véritable dévoûment avant tout, je n'hésitai pas à sacrifier, ou du moins, à risquer ma popularité pour dire au Peuple la vérité que je croyais nécessaire à son salut, et je m'attirai la haine et la colère de tous les Révolutionnaires (simples démocrates, simples républicains, soi-disant réformistes, même Communistes violens, ou immédiats, ou matérialistes), comme je bravai la haine du *National*, en publiant six brochures contre les bastilles, comme je bravai la haine de tous les conservateurs des privilèges en prêchant la Fraternité, l'Egalité, la Liberté et la Communauté.

Eh bien, je le demande encore, dire que c'est là l'allure et la marche d'un *escroc*, n'est-ce pas, de la part de la Justice, le plus inconcevable aveuglement ?

§ VII. — Succès de la propagande Icarienne.

La doctrine de Fraternité et de Communauté développée dans le *Voyage en Icarie* et les autres écrits complémentaires, eut un succès inouï. Partout, en France et en Europe, dans les grandes villes principalement, la masse ouvrière l'accueillit et l'adopta avec enthousiasme et la propagea avec ardeur ; les esprits les plus généreux dans la Bourgeoisie, et quelques-uns dans l'Aristocratie même, l'adoptèrent également.

De nombreuses adresses collectives, partant de tous côtés, et publiées par le *Populaire*, manifestaient le progrès des adhésions.

Des *Prêtres* même s'enthousiasmaient pour la nouvelle doctrine à tel point que, par exemple, l'un d'eux m'écrivit la lettre suivante, que je ne crains pas de citer, parce que c'est une vérité historique, et parce que l'attaque la plus inique me force d'employer toutes les armes d'une défense légitime :

Lettre d'un Prêtre à M. Cabet.

« Cette fois, c'est un *Prêtre* qui vous écrit, non pour vous injurier, comme beaucoup d'entre eux le font (les aveugles), mais au contraire pour vous féliciter d'avoir été *choisi par la Providence* pour être le deuxième *révélateur de la vérité sociale et religieuse*, dont notre Seigneur J.-C. fut le premier. C'est aussi pour vous encourager dans la voie que vous avez choisie pour conduire *ce pauvre peuple à la Terre promise*, à la nouvelle Jérusalem, à la réalisation terrestre du royaume de Dieu par la *propagande pacifique*, *la moralisation des masses et l'exaltation de la fraternité évangélique*, tant oubliée de nos jours, foulée aux pieds par ceux-là mêmes qui devraient en faire leur couronne de gloire, l'inscrire en caractères indélébiles sur leur bannière, sur le fronton des temples et dans le cœur des enfans de Dieu soumis à leur direction.

» Je connais plusieurs de mes confrères, qui comme moi, vous portent une estime profonde et brûlent d'envie de concourir au même but, en unissant tous leurs efforts aux vôtres : mais, hélas ! vous le savez, une implacable nécessité tient continuellement nos convictions refoulées au fond du cœur et ne permet leurs manifestations qu'autant qu'elles s'accordent essentiellement avec le dogme auquel nous sommes voués d'une manière absolue.

» Mais si nous ne pouvons ouvertement ni coopérer à votre œuvre, ni même vous aider de notre assentiment, du moins, dans le secret de notre conscience, nous formons les vœux les plus sincères, et nous adressons au ciel les plus ferventes prières pour qu'il continue de vous accorder *le courage, la patience et la fermeté nécessaires* à l'acomplissement de *votre mission régénératrice*.

» Oui, digne apôtre de Jésus-Christ, nous le reconnaissons avec vous, le Communisme, tel que vous le prêchez, tel que vous le répandez dans le Peuple, à l'imitation de notre divin Maître, est le seul, le vrai Christianisme, la pure et sainte doctrine qu'il mettait lui-même en pratique avec ses disciples, et dont il voulait faire la base primordiale de toute Société humaine. Aussi, nous l'avouons sincèrement, tout chrétien qui vous repousse est en opposition avec son principe ; et c'est dans l'ignorance, la fourberie et le fanatisme, qu'il faut chercher la cause de cette répulsion, à moins cependant qu'il ne soit comme moi soumis à un joug de fer, qui ne laisse aucune liberté d'action ni d'opinion, mais qui ne peut néanmoins m'empêcher de vous vouer autant de respect que d'admiration.

» X....., prêtre du diocèse de Paris. »

En publiant cette lettre dans le Nº 48 du *Populaire* (5 mars 1848), j'ajoutai les réflexions suivantes :

« Nous ne pouvons accepter rien de ce que renferme de trop

flatteur cette lettre que nous croyons dictée par une bienveillance sincère? nous ne sommes que l'un des DISCIPLES les
plus conséquens de celui qui a fixé pour toujours la route et
la destinée de l'Humanité, en proclamant le principe fonda-
mental, générateur et libérateur de la FRATERNITÉ; mais
que sont les préventions, les dédains affectés, les imprécations
même de quelques aveugles, en présence de tant d'affection
que nous témoigne une masse de travailleurs et de tant d'estime que vient de nous exprimer un véritable Prêtre de l'É-
vangile? »

Ainsi, je désapprouvai ce que cette lettre avait d'exagéré; mais quand
les Icariens se montrèrent unanimes pour adopter, en s'adressant à
moi, dans leurs adresses et dans leurs lettres, le titre ou le nom de
Père, je ne crus pas pouvoir repousser une expression plus vraie, qui
manifestait seulement des sentimens de respect et d'affection bien méri-
tés par un dévoûment affectueux et sans bornes.

En un mot, en quelques années, la doctrine Icarienne fit plus de
progrès qu'aucune autre doctrine; et ses adversaires alarmés s'écrièrent
qu'elle envahissait le monde et qu'il fallait se hâter de l'arrêter. — Alors
commença la persécution contre le Communisme comme elle avait eu
lieu jadis contre le Christianisme.

§ VIII. — **Persécution.**

Les attentats de *Darmès* et de *Quénisset* fournirent d'abord des prétextes pour calomnier et persécuter les Communistes en général,
quoique le rapporteur devant la cour des Pairs reconnût que la Doctrine Icarienne n'avait rien de subversif, et même qu'elle était sé-
duisante.

Les affaires de l'*Humanitaire*, des *bombes* et de la rue *Pastourel*
fournirent aussi d'autres prétextes pour la même persécution.

Les *Icariens* (nom que prirent les partisans de la Communauté d'Icarie pour se distinguer des autres Communistes), furent aussi persécutés
à Toulouse, où je me rendis pour les défendre; mais par le plus scandaleux abus de pouvoir, le Gouvernement craignant sans doute que ma
parole ne fît trop de propagande dans une des grandes villes du midi,
s'opposa violemment à ce que je fusse admis comme défenseur, sous
l'absurde prétexte qu'un avocat de Paris ne pouvait venir plaider à Toulouse, tandis qu'on admettait le même jour un autre avocat de Paris,
le député *Joly* (moins partisan du Communisme, et par conséquent
moins capable de le défendre)? Mais je n'en défendis pas moins les accusés dans des lettres que j'adressai publiquement au procureur géné-

ral, et l'arrêt d'acquittement conquis par le talent des autres défenseurs, fut aussi pour une grande part, le résultat de ma persévérance.

Les Icariens furent aussi poursuivis à *Lyon*, à *Grenoble* et à *Vienne*, où je les défendis et les délivrai, en m'adressant publiquement au procureur général.

Le *Populaire*, vainement attaqué à *Paris*, le fut encore à *Rouen*, où j'allai le défendre devant le Tribunal et devant la Cour, et où deux procès qui menaçaient son existence lui procurèrent deux triomphes qui constatèrent l'iniquité de la persécution.

Le Pape nous déclara la guerre en excommuniant le *Voyage en Icarie* et le *Vrai-Christianisme*, quoique leur doctrine ne soit autre chose, je le soutiens, que la doctrine évangélique, telle que la prêcha Jésus-Christ lui-même. — Les Évêques nous foudroyèrent dans leurs mandemens et les Curés ou les Prédicateurs dans leurs chaires, en nous calomniant, nous qui prêchions la Fraternité en action.

Les Patrons persécutèrent les Ouvriers Icariens en leur refusant du travail, en les expulsant de leurs ateliers, en les condamnant à mourir de misère et de faim.

Et, pour comble de malheur, ceux qui devaient être nos amis, les Démocrates, les Républicains, les Réformistes, les Communistes immédiats ou impatiens et les journaux qui les représentaient, principalement le *National* et l'*Atelier*, la *Réforme* et la *Fraternité*, et tous leurs journaux auxiliaires dans les départemens, attaquèrent vivement notre propagande pacifique, et nous accusèrent d'être des *endormeurs* qui empêchaient la révolution, tandis que le journal phalanstérien et tous les journaux ministériels et aristocratiques nous attaquaient comme n'étant que des *révolutionnaires*, accusations contradictoires qui toutes n'étaient que des calomnies. — Les représentans de la Bourgeoisie prétendue libérale, *Ledru-Rollin, Flocon, Arago* et *Marrast* nous menacèrent même de nous anéantir, si quelque jour ils avaient le pouvoir de réaliser leurs menaces.

Et, ce qui était pour nous un sujet de persécution sans fin, tous les Partis s'accordaient pour rejeter sur les Communistes et surtout sur les Icariens, tous les actes des Républicains révolutionnaires ou des ultra-Communistes qui pouvaient être incriminés, faisant ainsi de nous les *boucs émissaires* chargés de toutes les iniquités d'Israël !

En vérité, c'était l'ancienne persécution des Pharisiens et des Païens contre les Chrétiens !

Après avoir signalé toutes ces persécutions dans le *Populaire*, notamment dans les numéros 5 et 6 (du 2 et du 9 mai 1847), je me demandai, dans ce numéro 6, quel était le *remède* à cette désolante persécution générale.

§ IX. — Remède à la persécution générale.

Je déclarai de nouveau que, dans ma conviction, le remède n'était pas dans l'insurrection et la révolution, et je donnai encore mes raisons, dont en voici deux :

« .... 5° parce que le Peuple n'est pas encore assez éclairé et assez moralisé pour faire reconnaître ses droits et pour empêcher les ambitieux d'escamoter sa victoire ; 6° enfin, parce qu'après une grande catastrophe qui détruirait d'abord le commerce et l'industrie, le sort du malheureux Peuple serait peut-être plus intolérable encore.

» .... Et tandis qu'on nous accuse d'être un homme de violence et de sang, c'est nous qui, pour éviter un effroyable cataclysme, faisons le plus d'efforts et bravons le plus de calomnies et de dangers pour substituer la réforme à la révolution ! »

En un mot, voici le remède que j'annonçais depuis quelque temps sous le titre de *confidence*, et que je fis connaître en ces termes :

« Celui que le monde adore comme un Dieu et qui, s'il n'est qu'un homme, est le plus dévoué, le plus sublime et le plus divin de tous les hommes, Jésus, dont nous nous proclamons les disciples, Jésus disait à ses Apôtres : « Si l'on vous persécute dans une ville, retirez-vous dans une autre. » Suivons donc son conseil ; et puisqu'on nous persécute en France, retirons-nous en Icarie ! »

C'est-à-dire que, pour nous soustraire à la persécution et réaliser paisiblement nos doctrines, je proposai aux Icariens une grande émigration en Amérique.

§ X. — Proposition d'émigration.

Et cette émigration, était-elle proposée pour aller dans une Icarie toute faite et toute préparée ? Non, non ! Car écoutez ce que je disais dans le même numéro 6 du *Populaire*, sous le titre : *Allons en Icarie*.

« Poursuivis comme Jésus et ses disciples par de nouveaux Pharisiens, retirons-nous comme eux dans le *désert*, dans une *terre vierge*, pure de toute souillure, qui nous offrira tous les trésors de sa fécondité !

» .... Allons *fonder* une Icarie française, européenne, universelle.

» .... Allons *fonder* une Icarie pour la liberté et l'égalité ; allons *réaliser* l'idéal de la Philosophie, de la Religion et de la Fraternité.

» .... C'est une armée d'industriels de toutes les professions qui viendra *fonder* avec nous un Peuple, une Nation.

» On nous jette toujours à la face les mots *rêve*, *utopie* : allons, Icariens, fermer la bouche à nos détracteurs ; allons *fonder* et *réaliser* Icarie ! »

Et à l'instant je commençai un ouvrage sous le titre *Réalisation d'Icarie*, et je provoquai chacun à m'envoyer tous les *renseignemens* qu'il pouvait avoir.

Dans le numéro 7 du *Populaire*, répondant à cette question, *où irez-vous ?* Je dis :

» Ce sera en *Afrique*, ou en *Asie*, ou en *Amérique*, et dans celle-ci, ce sera au *Sud*, ou au *Centre*, ou au *Nord*. Souffrez que ce soit notre secret, dans notre intérêt commun, jusqu'à ce que les négociations entamées aient atteint leur but. — Ce que nous pouvons assurer, c'est que le territoire sera suffisant pour recevoir un Peuple, que le climat sera sain et beau, la terre fertile, l'indépendance et la liberté complètes. — D'ailleurs nous *partirons* avec vous, pour partager votre sort, pour être nourri, vêtu, logé, traité comme vous, sans autre privilége que celui d'être plus chargé de travail et de veille, de responsabilité et de soucis. »

Puis, j'ajoutai qu'il nous faudrait *beaucoup d'argent*:

» Oui, *beaucoup*, pour *acheter des terres*, si nous ne pouvons obtenir des concessions gratuites, pour les frais de transport, d'instrumens, d'alimentation pendant quelque temps, en un mot de *premier établissement.* »

Je répétai ma demande de renseignemens.

» Nous recevrons avec reconnaissance tout écrit contenant des avis, conseils, opinions, renseignemens, documens, etc. ; sur toutes les questions, financières, agricoles, industrielles, commerciales, religieuses, d'organisation sociale et politique qui peuvent intéresser une grande *colonisation.* »

Dans le numéro 8, je répétai qu'il faudrait *beaucoup d'argent*; que je solliciterais des prêts, des dons, des souscriptions, des cotisations que chaque émigrant verserait toute sa fortune dans la caisse sociale et que le minimum d'apport serait de 600 francs par personne : et certainement j'avais raison, comme je le répéterai bientôt en insistant davantage. — Puis, sous le titre *discussion*, j'ajoutai :

» Nous voulons que chacun puisse prendre son parti en parfaite connaissance de cause, en n'ignorant aucune des *difficultés* et aucun des *sacrifices*, comme aucun des avantages, de manière que personne ne soit exposé à des surprises et à des regrets qui pourraient rendre malheureux et troubler l'harmonie nécessaire. »

» Il ne s'agit ici ni d'une partie de plaisir, ni d'une fantaisie passagère, ni d'un jeu d'enfant; mais de l'entreprise la plus sérieuse et la plus grande dans ses résultats pour l'*Humanité.* » — Par conséquent, il faut des *convictions* que rien ne puisse ébranler, des *courages* que rien ne puisse déconcerter et affaiblir, des *dévoûmens* que rien ne puisse entamer, un *enthousiasme* que rien ne puisse attiédir. » — Il faut des hommes, de *véritables hommes*, de vrais Apôtres prêts à tout, qui ne fassent qu'une âme et qu'un cœur, qui connaissent tout et qui acceptent tout. » — Encore une fois, nous ferons tout connaître et nous solliciterons tous les avis, tous les conseils, toutes les lumières. »

Ainsi, je prévins bien des difficultés de l'entreprise et des qualités qu'exigeait son succès. — Dans le numéro 9 j'ajoutai:

» *Instruisez-vous* ! Nous l'avons déjà dit et nous le répéterons souvent, nous n'accepterons que des Icariens bien instruits des doctrines Icariennes, qui les accepteront avec une conviction énergique et profonde, de manière que l'émigration ne forme qu'un esprit, qu'un âme et qu'un corps. — Par conséquent, à tous ceux qui, sans être encore Icariens, désirent faire partie de notre Société nouvelle, nous disons dès maintenant: si vous voulez venir travailler avec nous à l'établissement de la Communauté, étudiez-là, examinez, instruisez-vous ! »

» *Moralisez-vous* ! — Il nous faut des hommes d'élite sous tous les rapports, surtout des hommes bien pénétrés du sentiment de la Fraternité (source, principe et gage de toutes les vertus sociales), des hommes généreux et courageux, prêts à se dévouer pour le succès de l'entreprise essentiellement liée au bonheur de l'Humanité. — Mais pas de succès possible avec des paresseux, des jouisseurs, des ivrognes et des débauchés ; et nous prenons devant le monde entier l'engagement de ne plus en avoir en Icarie. — Par conséquent à ceux qui ne seraient pas encore vrais Icariens, et qui voudraient partir avec nous, nous dirons dès à présent: si vous voulez servir de modèles pour prouver au monde que la Fraternité n'est pas une dérision et la Communauté une vaine utopie, commencez par travailler à vous corriger et à vous réformer ; hâtez-vous de vous délivrer de ces habitudes de jouissances égoïstes et matérielles, qui vous tiennent dans l'abrutissement et la servitude, de ces folles et ruineuses dissipations qui vous entretiennent dans l'ignorance ! Moralisez-vous, pour devenir de véritables hommes ! »

Dans le n° 27 je dis encore :

« INSTRUISEZ-VOUS, MORALISEZ-VOUS ! — Ne perdez pas de temps pour vous instruire complétement de tout ce qui concerne notre Communauté Icarienne. Consultez vos camarades, plus instruits que vous. — Si vous avez quelque mauvaise habitude ou quelque grave défaut, travaillez à vous en corriger !

» Préparez-vous surtout à la pratique de la Fraternité !

» Pratiquez dès aujourd'hui la tolérance, l'indulgence, la bienveillance fraternelle ! »

Enfin dans le n° 39 je dis encore :

« EXPLIQUEZ-VOUS, RÉCONCILIEZ-VOUS ! — Nous ne pouvons réussir en Icarie qu'avec l'union, la concorde, l'harmonie, l'estime réciproque, l'affection, en un mot, la Fraternité, la Solidarité et l'Unité. En Icarie, il ne faut que des hommes et des femmes qui veuillent et puissent être Frères et Sœurs, se rencontrer avec plaisir, se donner une main sincèrement fraternelle et se donner le titre de Frères, sans efforts et sans arrière-pensée. — Là, plus de *haine* ni de *défiance*, plus de *perfidie* ni de *trahison*, plus d'*hypocrisie* ni de *dissimulation*, plus de *contrainte d'aucune espèce*, plus de *ressentiment*, plus de *rancune*, plus d'*ennemis* ni de *rivaux* !

» En mettant le pied sur le bateau, nous dépouillerons chacun le vieil

2

homme pour redevenir un homme nouveau, nous passerons comme de la mort à la vie, nous aurons une véritable résurrection, une véritable régénération, et dans notre monde nouveau, dans notre cité nouvelle, nous ne devons trouver que des Amis, que des Frères, nous ne devons éprouver d'autres sentimens que l'estime, la confiance, l'amitié, la bienveillance et l'indulgence fraternelles, pour plaire à notre MÈRE la Communauté.

» Si quelques-uns ne se sentaient pas la force de remplir tous ces devoirs envers telle ou telle personne qu'ils pourraient rencontrer en Icarie, qu'ils n'y viennent pas! Mais vous, qui voulez y venir, si vous avez entre vous quelques différents, quelques reproches, quelques accusations (médisances ou calomnies), expliquez-vous fraternellement pour vous justifier, pour vous rendre réciproquement votre estime. — Et vous, qui pouvez avoir des ressentimens bien ou mal fondés, excusez, oubliez, réconciliez-vous sincèrement, sans arrière-pensée, sans aucun levain, comme si vous étiez morts et ressuscités; car, encore une fois, en Icarie, vous ne devez plus rencontrer que des Amis et des Frères, sans autre souvenir du passé que le souvenir des bienfaits et de l'amitié. Si vous le pouvez, venez! Si vous ne le pouvez pas, restez! — Mais que de réconciliations opérées déjà! que de bien a déjà produit, et produira certainement encore, le seul désir de venir avec nous, dans notre fraternelle Icarie! »

On le voit, tout en débutant pour l'émigration, je demandai de l'instruction, de la conviction, de la moralité, du dévoûment et du courage.

§ XI. Accueil fait à la proposition d'Emigration.

Cet accueil fut prodigieux; partout les Icariens répondirent avec enthousiasme; je reçus de presque toutes les villes de France et de presque tous les pays de l'Europe, une foule de lettres individuelles et d'adresses collectives qui applaudissaient avec transport. Ces lettres et ces adresses furent publiées dans le *Populaire* et dans la *Réalisation d'Icarie*. — En voici quelques-unes :

Dès le lendemain de la proposition, un Ouvrier de Paris m'écrivit :

« Cher citoyen, — C'est avec un plaisir bien sensible que j'ai lu votre *confidence*. Je vous en fais mes remercîmens les plus sincères. C'est la meilleure *nouvelle* que vous puissiez apprendre à vos Enfans Icariens. Combien ai-je versé de larmes de plaisir en la lisant, en pensant au bonheur que nous allons goûter dans cette nouvelle Patrie que nous irons fonder loin de cette France où nous vivons si misérablement! Peut-on penser froidement à un tel bonheur après avoir tant souffert? — Après la théorie, la pratique; à l'œuvre donc, montrons à nos détracteurs ce dont nous sommes capables. Nous ferons voir au monde ce que peuvent faire les hommes par l'*Unité*, la *Fraternité*. Partons en *vrais-chrétiens*, prêchant notre foi nouvelle! A l'œuvre donc, car voici venir le jour de mettre en pratique les principes de Jésus et de nos premiers pères. Allons poser les *premiers jalons* de la cité Icarienne! De là, avec un amour fraternel, nous appellerons le monde vers nous! Ne nous lassons pas de dire : Partons en Icarie! Icariens partons!..... D....., *ébéniste.* »

Presque aussitôt, mon correspondant de Périgueux, *Pepin*, m'écrivait aussi :

« Combien je suis heureux de vous voir prendre le parti auquel je n'ai cessé de penser... Oui, quittons au plus vite cette société vermoulue et gangrénée!..

Apôtre de la *régénération sociale*, allons poser la première pierre de l'édifice annoncé par le Christ! L'honneur sera pour ceux qui en seront les premiers fondateurs... Mais prudence! Il vous faut des hommes, de véritables hommes, qui fassent abnégation de tout pour leurs semblables... Mieux vaut la qualité que la quantité; mieux vaut 2,000 que 5,000 qui n'auraient pas toute la foi nécessaire pour une semblable entreprise.

» Je suis impatient de voir le plus beau jour de ma vie, celui où je mettrai le pied dans le bateau qui doit nous transporter; car nous quitterons la vie des tombeaux pour naître sur la terre promise et sous le soleil des lumières.

» Je puis déjà vous citer *cinq* de mes amis, qui réuniront un capital d'au moins *soixante mille* francs dans notre ville seulement. Je vous porterai bientôt une liste assez nombreuse. »

Quelques jours après le même *Pepin* ajoutait:

« Cher Cabet, je ne puis retarder de vous écrire pour vous apprendre une bonne nouvelle. M. Duv..., récemment abonné, est venu me voir, sa femme est enchantée de votre confidence. Ils offrent de partir et d'apporter CENT MILLE francs. Il connaît parfaitement toute l'Amérique. »

Julien Chambry, mon correspondant à Mirecourt, fut un des premiers à m'écrire:

« L'émigration est *l'unique objet qui nous occupe*; la confidence ne sort pas de nos pensées. — Les communistes qui ont *quelques mille francs* à votre disposition, sont impatients de voir arriver l'instant où vous direz: Partons! Mais à côté de cette impatiente joie, la tristesse, la crainte, absorbent ceux de nous qui n'ont à offrir que leur bras et leur courage; malheureusement ceux-ci sont trop nombreux. — Pour ne pas jeter le désespoir dans l'âme des Icariens qui ne peuvent joindre l'apport social aux qualités qu'ils possèdent, nous vous prions d'organiser une *souscription mensuelle*, afin que chaque communiste sincère qui se trouve dans l'impossibilité d'être du premier départ, puisse, à force d'économie et de travail, réaliser la somme la plus indispensable. — Dans le cas où, malgré leur volonté, il y en aurait qui ne pourraient atteindre ce but nous pensons que l'esprit de *solidarité* qui anime les membres de la grande famille leur viendra en aide.

» Nous sommes convaincus que chaque Icarien désireux d'entrer dans la terre promise, se fera un plaisir de déposer chaque mois ses épargnes au bureau du *Populaire*.   (*Suivent* 10 *signatures*.)

Un jeune ouvrier serrurier m'écrivit:

« Allons en Icarie: je suis orphelin; j'ai vingt-six ans; je possède une somme de cinq mille francs et quelques propriétés. J'offre tout à la communauté, comme je dévoue à mes frères mon avenir et mon amour.

» En attendant l'accomplissement de notre sainte cause, je suis, cher citoyen, votre tout dévoué,   R...., »

Le médecin espagnol *Roveira* m'écrivit de Barcelonne:

« Cher citoyen, il nous est impossible de vous dire combien nous a comblés de joie votre sublime idée d'une colonisation icarienne.

» Votre *Populaire* a été lu et relu avec le cœur ému et les larmes aux yeux par le petit nombre d'Icariens de cette ville. Tous désirent être les premiers au départ, les premiers au travail le plus dangereux, les premiers à démontrer et manifester au monde l'abnégation de soi-même en faveur de ses frères, l'amour au travail et la possibilité de mettre en pratique ce que la société actuelle, dans sa démoralisation, appelle *utopie irréalisable*.

» Je me crois le droit d'être regardé par vous et par tous les Communistes, comme un de vos plus zélés et fidèles correspondans. J'attends avec impatience une des listes-tableaux que nous promet le *Populaire* pour y inscrire le petit nombre de vrais Communistes qui désirent partager le bonheur et le travail du premier établissement.

» Je suis médecin et chirurgien, et dans cette profession, j'acquiers chaque jours la conviction plus forte que notre système de société le plus parfait et le plus humanitaire est le seul qui puisse nous sauver. Mon plus grand désir, et le bonheur auquel j'aspire, est d'être votre compagnon le plus enthousiaste. Pour mon honneur et pour le bien commun, ne souscriront avec moi que ceux de nos frères que nous croyons les plus utiles et les plus vertueux. A cet effet j'attends et sollicite de vous les instructions nécessaires. Je vous assure que mes efforts redoubleront à mesure que le jour du départ approchera, pour que les Icariens espagnols soient un modèle de vertu et de dévoûment. »

L'anglais *Charles Sully* m'écrivit de Londres :

« Cher citoyen et vénéré Père,

» Dans l'état actuel du Communisme, votre confidence est *la chose nécessaire* ; aussi j'ai eu la plus vive satisfaction en la lisant, et j'ai senti que ma mission est de travailler pour l'accomplissement de vos intentions. Avant d'avoir quelque chose de positif à vous dire, je n'ai pas voulu occuper votre temps ; mais à présent, je puis vous donner à vous et à nos frères de France, l'assurance que notre cause commune ne manque pas ici d'apôtres sincères, qui sont prêts et décidés à faire tout ce qui est possible pour avancer la sainte cause de la fraternité.

» Un comité est formé, qui s'impose pour devoir :

» 1° De constituer un *centre d'union et de communication* entre tous les Communistes, afin de rechercher et de faire connaître les renseignemens qui peuvent être nécessaires ;

» 2° D'établir avec vous une correspondance et des relations ; de rendre public ici ce que vous avez fait et ce que vous ferez ; de vous transmettre tous les renseignemens qui vous seraient utiles, et d'organiser une *section* pour vous accompagner en Icarie, tandis qu'un *noyau* resterait ici en permanence pour correspondre avec la Colonie communiste et lui tendre la main dans toutes les circonstances.

» Une émigration communiste en Amérique est depuis plusieurs années l'objet de mes études ; car, depuis trois ans, je suis convaincu que c'est le vrai moyen de salut pour notre race et la seule possibilité d'établir la Communauté. Mon but était donc l'établissement d'un état communiste en Amérique. Je vous enverrai sur ce sujet le résultat de mes travaux, pour que vous les utilisiez suivant votre jugement, déclarant d'avance que si la formation et la direction de l'Icarie vous sont confiées sans réserve, je suis entièrement à votre disposition et à vos ordres, comme l'écolier est soumis à son maître, le soldat à son officier, le fils à son père... Ainsi, je trouve qu'il est de mon devoir de vous promettre fidélité et secours, et je tiendrai parole. »

Soixante-cinq Icariens *lyonnais* m'écrivirent au nom d'une masse de Frères :

« Cher et vénéré citoyen,

» Les expressions nous manquent pour pouvoir rendre la joie qu'a produit dans tous les cœurs vraiment communistes et généralement dans tous les cœurs vraiment généreux, la bonne nouvelle du *Populaire*.

» O cher et vénérable citoyen, serait-il vrai que vos enfans fussent appelés à porter leur petite pierre à la construction du grand monument de la Fraternité !!!

» La colonisation future répondra à cette affirmation banale : « C'est impossible. » Et nous montrerons à l'Univers que : « La pierre rejetée par ceux qui bâtissaient est devenue la principale pierre de l'angle. » Oui, tous ceux qui rejettent l'organisation sociale basée sur l'Egalité et la Fraternité sont comme des insensés refusant de bâtir sur le roc pour bâtir sur le sable !!!

» Quant à nous, à l'exemple de notre divin Maître, lorsqu'il retira le pauvre Lazare de la corruption du sépulcre, nous sentons une indicible joie en tirant de la corruption de la société actuelle nos femmes et nos enfans. — Mais notre tâche ne serait point achevée, si nous n'étendions pas nos plus vives sollicitudes sur de pauvres Frères qui, jusqu'à présent, n'ont pas arraché le bandeau de l'erreur ; non, nous manquerions au plus sacré des devoirs ; car ce ne sont pas ceux qui sont en bonne santé qui ont besoin de médecin, mais les malades.

» Ainsi, ils pourront, dans leurs adversités sans nombre, tourner leurs regards vers ce promontoire de salut, certains que des frères bien aimés, leur tendront les bras !...

» Icariens, assez et trop longtemps l'Humanité a travaillé à se river des fers en prodiguant le plus pur de son sang pour servir l'ambition de quelques despotes. Il est temps de travailler à sa délivrance par quelque effort héroïque. C'est à nous, c'est aux disciples du Christ que cette œuvre glorieuse est réservée. »

Deux cents Icariens *nantais,* dont quarante-cinq femmes m'écrivirent aussi :

« Cher citoyen,

» La nouvelle de votre projet d'émigration a excité dans notre ville un enthousiasme impossible à décrire. Après tant de traverses et de malheurs, l'Humanité va donc jouir du bonheur de voir réaliser la doctrine qui doit faire son salut en ralliant tous ses membres par le lien d'une sainte fraternité. Cet appel, si bien entendu par nous, va prouver au monde la sincérité de nos convictions ! En joignant l'exemple au précepte, nous confondrons l'égoïsme et assurerons à jamais le triomphe de la communauté. »

Enfin quelques Icariens de *Stockholm* m'envoyèrent l'adresse suivante :

« Cher citoyen,

» Quoique nous demeurions éloignés dans la froide Scandinavie, nous embrassons avec le plus ardent intérêt tout ce que vous et les autres Amis de l'Humanité font pour préparer et exécuter les réformes qui regardent la réorganisation de la Société, afin que le but de la Providence divine qui, selon nous, est de former une société universelle, royaume de Dieu sur la terre, soit accompli. Nous sympathisons le plus vivement pour la doctrine qui mène à ce but, et nous apprenons avec la plus vive douleur toutes les persécutions, toutes les calomnies que vous souffrez, toutes les difficultés que vous avez à surmonter.

» Nous formons ici, dans la capitale de la Suède, une petite phalange, mais serrée et unie, appartenant à la nuance paisiblement progressive du Communisme. Nous approuvons parfaitement votre propagande pacifique et persuasive ; nous avons la conviction que pour qu'on puisse éclairer l'esprit et réformer le cœur humain, les réformes nécessaires arriveront sans continuer les aventures sanglantes des révolutions.

» Nous attendons avec la plus vive impatience la réalisation de votre projet de grande colonisation, pour poser les fondemens de l'Icarie. S'il réussit, on pourra dire : *Tout est accompli !*

» Nous souhaitons tous de vous suivre à l'instant. »

Le *Populaire* et la *Réalisation* contiennent des centaines de lettres et d'adresses, exprimant les mêmes sentimens et couvertes d'un grand nombre de signatures, entr'autres les adresses : de *Marseille,* signée par 115 Icariens ou Icariennes ; de *Tours,* par 103 ; de *Toulon,* par 107 ; de *Reims,* par 90 ; des *Vosges,* par 80 ; de *Rive-de-Gier,* de

Nantes, de *Saint-Etienne*, signées chacune par 70 ; puis de *Rennes*, de *Givors*, de *Saint-Quentin*, d'*Elbeuf*, etc., etc., ayant chacune de 50 à 60 signatures ; enfin de *Paris*, de *Lyon*, de *Toulouse* et d'autres villes, signées par plus de 500 femmes. Et dans les lettres d'adhésion que j'ai reçues, beaucoup me furent envoyées par des phalanstériens, des révolutionnaires convertis, par des savans, des professeurs, des avocats, des médecins, de riches négocians et même des fonctionnaires publics.

§ XII. — Objections. — Attaques.

On m'a fait des objections bienveillantes. D'autres, nos adversaires habituels, les révolutionnaires surtout, m'ont attaqué avec violence à cause du projet d'émigration.

J'ai fait connaître toutes ces objections et toutes ces attaques soit dans le *Populaire* soit dans la *Réalisation* ; j'ai répondu à toutes ; et la masse des Icariens a persisté, en parfaite connaissance de cause, à demander le départ.

§ XIII. — Difficultés. — Périls.

On l'a déjà vu, j'ai bien prévenu qu'il s'agissait de *fonder*, dans le *désert*, une société nouvelle ; qu'il y aurait des fatigues, des privations, des périls même ; et qu'il fallait de la conviction, du dévoûment et du courage. — Je l'ai répété sans cesse, ainsi qu'on va le voir.

Après avoir, dans le n° 17 du *Populaire*, signalé le *malheureux* sort des femmes dans la société actuelle et annoncé leur *bonheur* dans la nouvelle société d'Icarie, je dis :

« Toutes ces merveilles ne se réaliseront sans doute pas tout d'un coup et en arrivant ; il faudra du temps pour améliorer et perfectionner ; mais ce sera le but vers lequel tendront toutes les volontés, tous les efforts, et vers lequel nous conduira sans relâche un progrès rapide et constant. »

Dans le n° 23 du *Populaire*, sous le titre *admission au contrat social*, je dis :

« Notre projet d'aller au loin fonder, dans l'intérêt de l'Humanité, une société modèle, est assurément l'une des plus belles entreprises, mais aussi l'une des plus *difficiles* et qui exigent le plus de dévoûment et de courage. — Nous ne voudrions pas la tenter avec des hommes pris au hasard. — Il faut absolument des *hommes d'élite* sous tous les rapports, (de l'intelligence, de la conviction, du dévoûment, de l'amour du travail et d'une inébranlable constance). — Tout le monde en est bien convaincu ; car tout le monde dit avec nous, *mieux vaut la qualité* que la quantité. »

§ XIV. — Nécessité du Dévoûment.

Dans tous mes écrits (dans le *Populaire*, dans la *Réalisation*, etc.), comme dans toutes nos réunions et dans tous mes discours, j'ai toujours présenté le DÉVOUEMENT à *l'humanité* comme le premier caractère, le premier but et le premier devoir de l'Emigration proposée. J'ai toujours dit : « Que ceux qui sont résolus à se dévouer viennent ; mais pour ceux qui ne s'en sentent pas le courage, qu'ils restent. »

Par exemple, la première condition pour l'admission dans la société était :

1º La condition le plus essentielle, c'est un *dévoûment* réfléchi et absolu à la cause des Femmes, des Enfans, du Peuple, de l'Humanité. Il faut qu'on se sente le courage de prendre ce dévoûment pour guide en tout, afin de supporter toutes les fatigues et de sacrifier tout mouvement de vanité ou de jalousie au succès de l'entreprise. (*Populaire*, nº 23, du 5 septembre.)

Dans la grande réunion où nous avons déclaré la *Société* Icarienne pour l'émigration constituée, après avoir rappelé le but de la Société et les devoirs des Associés, j'ai dit :

« Il est donc bien entendu, pour chacun des membres de l'assemblée, que le premier devoir que s'impose un Icarien, c'est un *dévoûment* réfléchi et absolu à la cause des *femmes*, des enfans, du Peuple et de l'Humanité. »
.. (*Populaire*, nº 29.)

Un nouveau prospectus, contenant de nouvelles conditions (*Populaire*, nº 73) disait :

« Pour chaque émigrant, le but de l'émigration peut être son intérêt personnel, raisonnable et bien entendu, celui d'acquérir la sécurité et le bien-être par un travail modéré, et la satisfaction de ne voir que des frères heureux ; mais le but principal doit être de travailler au bonheur de l'HUMANITÉ en se DÉVOUANT à sa cause. »

Enfin, au moment du départ, j'ai fait à tous les partans la question suivante :

» Vous sentez-vous la force et l'inébranlable volonté de vous *dévouer* à la réalisation de la Fraternité et de la Communauté ? — Vous *dévouez-vous* pour l'intérêt et le bonheur des femmes, des enfans, des masses opprimées par la misère et l'ignorance ? »

Et tous ont répondu en signant l'engagement Icarien.

§ XV. — Soldats de l'Humanité.

Après avoir annoncé le projet d'envoyer d'abord une commission d'exploration, puis une Avant-garde, je disais, dans le nº 27 du *Populaire* :

« S'il ne fallait que du dévoûment, de la volonté et du courage pour supporter les privations et les fatigues, nous connaissons beaucoup d'hommes et même beaucoup de femmes qui se résigneraient courageuusement à tout ; mais il faudra des hommes vigoureux qui, à la force physique, joindront l'habitude d'un travail dur, pour que la santé n'en soit pas altérée. Ces premiers travailleurs seront des espèces de soldats qu'on pourra appeler une *Avant-garde*.

« Les femmes, les enfans, les travailleurs des industries moins dures pourront composer le premier grand départ qui ne tardera que de quelques mois ; quand les logemens et les ateliers seront disposés pour les recevoir.

Et dans le n° 29, sous le titre *Avant-garde, soldats d'une nouvelle espèce*, j'ajoutai :

« Voyez ces soldats qui travaillent au siége d'une citadelle, qui ouvrent la tranchée, les pieds dans l'eau ou dans la boue, la pluie sur la tête, avec une grêle de mitraille ou d'obus, tandis que d'autres se préparent à braver la mort en montant sur la brèche !

» Et tout cela pour une vaine gloire, ou pour des rubans ou des épaulettes ; souvent pour abattre la liberté et consolider le despotisme !

« Mais nous, Icariens, serons-nous moins braves contre la fatigue, les privations et les dangers ? Non, non ! *Soldats de l'Humanité*, nous aurons autant de courage et bien autrement d'enthousiasme et de plaisir lorsque, sans verser le sang de nos frères et conquérant seulement le désert pour le fertiliser, nous saperons la forteresse des préjugés, des abus, de l'erreur et de l'égoïsme, pour délivrer le progrès, faire régner la justice et la vérité, et asseoir enfin le bonheur du genre humain sur la base de la Fraternité et de la Communauté ! »

Dans le n° 31 j'expliquerai encore que l'Avant-garde devrait être composée d'hommes *robustes*, capables d'exercer *plusieurs industries* et surtout de *travailler à la terre*.

Dans le n° 32, j'ajoutai que l'Avant-Garde camperait d'abord sous des *tentes*; qu'elle aurait des *sacs* pour voyager comme des soldats, et des *fusils* doubles pour chasser et se défendre.

§ XVI. — Tous ont tout connu et tout accepté.

Et tous ont parfaitement su qu'il y aurait des fatigues, des privations et des périls, comme pour des soldats ; tous ont promis d'avoir du dévoûment et du courage.

Et quand, au Havre, au moment de s'embarquer, je demandai à l'Avant-Garde :

« Acceptez-vous le titre de *Soldats* de l'Humanité avec tous les devoirs que ce titre impose ? — Etes-vous résolus à supporter toutes les fatigues et toutes les privations, et à braver tous les dangers dans l'intérêt général et commun ? — Jurez-vous de rester à jamais fidèles au drapeau d'Icarie ? »

Tous répondirent oui avec un transport d'enthousiasme.

§ XVII. — Les femmes mêmes veulent tout braver.

Ce sont les femmes peut-être qui sont le plus intéressées à l'adoption de la Communauté Icarienne ; car ce sont elles qui sont le plus opprimées en général et qui ont le plus besoin d'être délivrées d'une organisation sociale qui les opprime.

Aussi, c'est aux femmes et aux enfans que je m'intéresse avant tout ; j'ai composé pour elles la brochure *la femme* ; je leur ai montré dans le *Populaire* (n° 17) leur malheureux sort dans l'ancienne société et le bonheur dont elles jouiraient un jour en Icarie ; j'ai signalé comme le premier devoir des Icariens de protéger les Icariennes en masse et d'assurer leur bonheur ; j'ai exhorté les femmes à s'instruire, à se moraliser toujours davantage, à éviter toutes les dépenses inutiles, à sacrifier même leurs modestes bijoux, à convertir les hommes, etc.

Mais j'ai exhorté les maris à ne pas trop presser leurs femmes ; et je n'ai pas voulu admettre des femmes dans l'Avant-Garde, craignant que la fatigue ne fût au-dessus de leurs forces.

Beaucoup réclamèrent, surtont seize Icariennes de Nantes, qui, dans une adresse, parlant au nom des autres, me dirent (n° 40) :

« Les Icariennes de Nantes vous font remercier de votre bonté pour elles, puisque c'est dans le but de leur épargner bien des *fatigues* que vous les admettez pas à faire partie des Avant-Gardes.

» Cependant, cher Père, quelques unes d'entr'elles, n'ayant pas d'enfans, se trouvent assez *fortes* pour faire partie d'une Avant-Garde : elles vous font la prière de vouloir bien les admettre ; ce sera leur plus grand bonheur et la réalisation de tous leurs vœux.

» Je vous prierai d'observer qu'elles ont bien pesé les *difficultés* qu'il pourrait y avoir : elles répondent qu'elles seront assez *fermes* et assez *fortes* pour les supporter. »

La citoyenne *Cochard*, de Paris, m'écrivit dans le même sens (*Populaire*, n° 40).

Ainsi, les femmes ont voulu se dévouer et braver toutes les fatigues et tous les dangers à l'Avant-Garde.

§ XVIII. — Il fallait beaucoup d'argent.

Nous l'avons déjà dit § X, mais nous le répétons pour compléter. Oui, pour une si gigantesque entreprise ; pour transporter des milliers de familles, un Peuple entier, des divers points de la France ou de l'Europe, en Amérique, au Texas ou dans une autre partie, à 3,000 lieues par mer, par rivière et par terre ; pour transporter un immense bagage, des machines, des outils, etc.; pour les dépenses de nourriture pendant au moins une année ; pour l'achat des bestiaux, instrumens, matières premières de toutes espèces, terrains, etc.; en un mot pour frais de premier établissement dans un désert où il faut tout créer ; le défrichement et la culture, les chemins, les ponts et le .... des rivières, les logemens et l'ameublement depuis le premier meuble jusqu'au dernier, les voitures et les harnais, les ateliers et une masse d'outils, etc., etc.; il fallait un capital ÉNORME.

Il fallait des millions au début, comme en dépensent les Gouvernemens pour leurs colonies et leurs diverses entreprises; comme en dépensent les grandes compagnies ou les grands entrepreneurs pour des canaux, des chemins de fer, de grandes constructions (car il faut toujours dépenser d'abord avant de recueillir), comme voulait faire *Fourier* qui demandait 5 à 8 millions (je crois) pour fonder un phalanstère, comme voulait le faire récemment *Considérant*, qui demandait la forêt de Saint-Germain et quelques millions, avec l'appui du Gouvernement, pour essayer une petite colonie phalanstérienne en France.

Si j'avais été prince ou Rothschild, j'aurais avec bonheur consacré toute une immense fortune à une opération qui m'aurait rendu le sauveur et le bienfaiteur de l'Humanité. Mais fils d'un ouvrier, simple ouvrier d'abord moi-même, toujours persécuté à cause de mon dévoûment aux pauvres, d'ailleurs trop désintéressé et trop peu soucieux d'acquérir de l'or, j'étais pauvre et dans l'impossibilité de fournir personnellement les sommes nécessaires. Il fallut donc de toute nécessité, demander aux Icariens les fonds indispensables pour composer la caisse sociale.

En calculant les dépenses probables, après avoir pris beaucoup de renseignemens, je fixai, avec Sully et la Commission, à 600 fr. en argent, indépendamment du lit et du trousseau, le minimum de *l'apport Social.*

Les soixante-dix qui partirent pour la première Avant-Garde, devaient donc verser seulement un minimum de 42,000 fr. : c'était peu et même presque rien (comme me le disait un jour le caissier d'une grande maison de banque); car il y a toujours, comme chacun le sait, dans les moindres constructions ou les moindres opérations, mille dépenses fortuites, accidentelles et imprévues, comme il y a toujours dans les grandes entreprises de grandes dépenses préparatoires pour des études, des voyages, des frais de bureau, etc., etc., etc.

L'apport de 600 fr. au minimum était donc trop faible; et si j'avais à recommencer je demanderais peut-être un apport plus considérable, si la caisse sociale n'avait pas d'autres ressources suffisantes.

Il est vrai que plusieurs émigrans avaient plus que le minimum de l'apport, et que nous avions beaucoup de promesses et beaucoup d'espérances; mais, d'un côté, déterminé par ces promesses et ces espérances, j'ai admis beaucoup d'émigrans sans apport ou avec des apports incomplets; d'un autre côté, j'ai accepté des apports en billets et en immeubles, ou en objets mobiliers, qui n'ont pu servir au premier départ; d'un autre côté enfin, la persécution et surtout la révolution de Février ont paralysé nos ressources et détruit nos espérances en abolissant toutes les promesses. — Certainement, si j'avais pu prévoir ce qui est arrivé, et si j'avais eu l'expérience que j'ai acquise par la révolution, je ne me serais pas contenté d'un apport de 600 fr.

Et cependant quand j'annonçai que l'apport de 600 fr. au minimum était nécessaire, cette annonce arracha un cri de douleur et de désespoir à d'innombrables malheureux ouvriers plongés dans la misère ; et ce fut un grand déchirement pour moi de ne pouvoir leur offrir pour consolation que l'espérance pour l'avenir jointe à la déclaration d'une impossibilité absolue pour le présent: Mais qu'y faire? Diminuer l'apport était chose impossible, et c'est moi que cette situation rendait le plus malheureux; je me reprocherais même ma trop grande bonté ou ma faiblesse pour admettre ceux qui n'avaient pas leur apport, si ce qui est arrivé depuis n'avait pas été au-dessus de toutes les prévisions humaines, et si d'ailleurs je n'avais pas tout fait pour obtenir de l'argent.

§ XIX. — J'ai demandé beaucoup d'argent.

Dans le n° 31, sous le titre *Propagande d'argent*, j'ai dit :

« Pour nous Icariens, l'individualisme, ou l'égoïsme, ou l'inégalité, est la première source de tous les vices, de tous les désordres, de toutes les misères et de tous les maux dans la Société.

» Pour nous aussi la *monnaie* ou *l'argent* est le moyen de faciliter et de réaliser l'inégalité, l'individualisme, l'égoïsme, et toutes leurs misérables conséquences.

» Par conséquent, nous disons *haine à l'argent*, roi du monde, et nous ne voulons point d'argent (pour nos relations intérieures) en Icarie.

» Mais nous avons beau dire et beau faire, il nous faut de l'argent et beaucoup d'argent pour avoir des vaisseaux qui nous transporteront en Icarie; il nous faut de l'argent pour fonder Icarie en achetant des terres, des vivres, des outils, etc. ; il nous faut de l'argent pour détrôner et supprimer l'argent !

» Il nous faut beaucoup d'argent pour accomplir le plus ardent de nos vœux à tous, celui d'emmener avec nous cent mille enfans (pour élever une génération nouvelle), et le plus que nous pourrons de cette innombrable masse des prolétaires, des pauvres, des spoliés et des deshérités (en choisissant toujours les plus honnêtes, les plus laborieux et les plus utiles).

» En un mot, pendant des années encore, notre caisse sociale ne pourra jamais être assez remplie d'argent.

» Hâtons-nous donc tous, Icariens, d'y déposer notre argent et le plus d'argent que nous pourrons.

» Nous savons bien, nous personnellement, tout ce que la calomnie, la méchanceté, la sottise et l'aveuglement peuvent imaginer et dire, quand nous parlons ainsi d'argent (quoiqu'il n'y ait personne, ni fondateur ou directeur de journal ou de toute autre entreprise, ni chef, de l'église ou de gouvernement ou de parti, qui ne demande des souscriptions et de l'argent); mais toujours franc, courageux et dévoué, nous bravons tout pour marcher en avant, et nous répétons hardiment : Icariens, donnons tout ce que nous pourrons, et tout de suite ; car *cent mille francs* aujourd'hui seront plus utiles que des *millions* plus tard, et même nous amèneront promptement des millions.

» Et ne nous bornons pas à donner, mais faisons de la propagande d'argent, en demandant aux autres après avoir donné l'exemple. N'ayons aucune honte, aucune répugnance à demander des actions ou des coupons, des abonnemens, des dons en argent ou en marchandises, des prêts ; car nous demanderons, non pour nous personnellement, mais pour la Communauté, pour les enfans et les ouvriers pauvres qui brûlent du désir de venir avec nous ; nous demanderons dans l'intérêt de l'Humanité !

Oui, j'ai demandé de l'argent parce qu'il était indispensable. — J'en ai demandé, non pour moi, mais pour la Colonie Icarienne. — J'en ai demandé à tout le monde, aux riches et aux pauvres, aux non-partans comme aux partans, aux femmes comme aux hommes. — J'ai demandé par souscription, par cotisation, de toutes manières. — J'ai demandé qu'on supprimât toutes les dépenses inutiles ou nuisibles, afin que, du même coup, on pût se moraliser et économiser pour partir ou pour aider des frères à partir. — J'ai demandé qu'on sacrifiât l'argenterie et les bijoux.....

Et en tout cela j'ai bien fait ! ! ! Si j'avais agi dans mon intérêt personnel, je serais le plus odieux des misérables..... Mais si je l'ai fait dans l'intérêt des malheureux, je le répète, j'ai bien fait !!!

J'ai fait mieux que ce que font tous les jours les Journaux, les Écoles politiques ou Socialistes, les missionnaires ou les quêteurs de tous genres.

Et la masse a partagé mon avis, car la masse a généreusement répondu à mon appel.

Et si j'avais su qu'en envoyant ou en allant moi-même en *Californie*, par exemple, je pourrais y trouver cent millions en or, j'y aurais envoyé ou j'y serais allé pour avoir le moyen de transporter un million de malheureux en Icarie.

Et en m'exposant ainsi à l'accusation d'escroquerie, j'ai fait preuve du plus courageux dévoûment.

§ XX. — **Nous devions avoir l'argent nécessaire.**

J'exposai d'abord mon plan *financier* (n° 25), dans lequel je comptai beaucoup sur la puissance de nos doctrines pour obtenir du crédit, des prêts, des apports plus ou moins considérables d'Icariens plus ou moins riches, des dons, des souscriptions et des cotisations ; et mes espérances se seraient certainement réalisées, si la persécution et la révolution n'étaient pas venues bouleverser toutes mes combinaisons.

Nous avons déjà vu *Pepin* (P. 19), promettre 60,000 fr. au nom de six Icariens de Périgueux, et 100,000 fr. au nom de Duv... Nous allons en voir quelques autres, choisis parmi ceux qui promettent des apports de quelqu'importance.

De Nantes un négociant m'écrivit (n° 8) :

«.... Du moment où vous aurez dit : — Partons! — comptez sur moi; j'ai un bon cœur, du courage, des bras, et *quelques mille francs* au service de notre pays.. »

De Bordeaux S. V.... m'écrivit (n° 13) :

« Ma femme me dit : « J'ai 18 ans, je suis laborieuse, partons en Icarie. » Et moi j'ajoute: « Nous sommes dévoués au principe de la Fraternité, nous avons *quatre mille fr.*, comptez sur nous. »

De Lyon L...., fabricant, m'écrivit (n° 13) :

«.... Ma femme s'unit à moi pour vous dire que nous sommes dignes du premier départ; vous pouvez compter sur nous.... J'ai au service de la communauté quelques mille francs (*cinq ou six mille*).

De Genève S.... m'écrivit (n° 12) :

«.... Nous nous arrangeons, ma femme et moi, pour nous associer le plus tôt qu'il nous sera possible à l'œuvre de régénération ; nous pouvons disposer de *six à sept mille francs*.... »

De Rouen Caudron m'écrivit (n° 27) :

«.... Je profite de cette lettre, écrite en mon nom et celui de mon frère, pour vous prier d'accepter notre demande d'être admis au nombre de ceux qui, les premiers, travailleront au sol de notre nouvelle patrie... Au mois de janvier nous serons en mesure de verser de *cinq à six mille fr. comme premier versement.* »

De Reims C...., commerçant, m'écrivit (n° 35) :

«.... Considérez-nous (lui et sa femme) comme deux enfants qui désirent ardemment être admis dans votre famille toute fraternelle, et vous prient d'accepter toute leur fortune, qui peut s'élever de *cinq à six mille fr....* »

De Seine-et-Oise D... m'écrivit (n° 11) :

« Voici huit jours que nous réfléchissons à votre grande confidence, et aujourd'hui nous sommes résolus à partir en Icarie, pour y établir le règne de Dieu.... Nous espérons réaliser une somme de *dix mille fr....* »

De Lyon, deux frères qui étaient désunis s'étant réconciliés pour le départ, l'un d'eux, plein de joie. m'écrivit (n° 32) qu'il était prêt à partir avec son frère en apportant *douze mille fr.*, et que lorsque leurs femmes viendraient les rejoindre, elles apporteraient *douze autres mille fr.*

Gosse et sa femme, négocians à Paris, m'écrivirent (n° 32) :

«.;. Nous nous engageons dès aujourd'hui à donner à la Société tout ce que nous possédons, sans aucune restriction ; dès aujourd' hui nous déclarons un apport de *vingt-cinq mille francs.* Pour hâter le départ de l'avant-garde (bataillon sacré), nous vous offrons de grand cœur notre argenterie et nos bijoux.... »

Une veuve, Mme A. A..., offrait, en demandant son admission (n° 35), *trente mille francs de biens-fond*, ou la rente annuelle de 1,400 fr.

B..., fonctionnaire public dans le Midi, m'écrivit (n° 18) qu'il était décidé à partir en apportant *vingt-cinq à trente mille fr.*

Robillard et sa femme, négocians de Paris, offraient (n° 34) d'abord leurs bijoux et promettaient de donner toute leur fortune à la communauté (environ *quarante mille fr.*).

La famille T..., de Paris, m'écrivit (n° 36) :

«.... En partant nous apporterons à la communauté notre avoir, qui, étant réalisé, pourra former une somme de QUATRE-VINGT MILLE FR.

Un autre Icarien, Th... en m'écrivant (n° 36) qu'il espère partir au premier ou second départ et apporter *cinq ou six mille fr.*, m'annonçait en même temps que M. A... espérait aussi partir lui-même au deuxième départ en apportant CENT-DIX MILLE FR.

Et deux cultivateurs de Givors qui se disposaient à partir au second départ en apportant *quarante mille fr.* (n° 15).

Et une foule d'autres sommes plus ou moins importantes, depuis *mille* jusqu'à *dix mille francs* nous étaient annoncées et promises.

Et combien il nous était promis aussi de dons de toutes natures, en bijoux, argenterie, montres, armes de chasse, machines, outils, livres, instrumens, étoffes, chaussures, graines, etc., etc.

Ainsi, je puis le répéter avec assurance, sans la persécution et la révolution, nous aurions eu tout l'argent nécessaire...

Et voyez d'ailleurs ce que j'aurais fait sans la persécution, et si j'avais été parfaitement libre d'agir comme j'aurais voulu.

§ XXI. — Ce que j'aurais fait si rien ne m'avait entravé.

Si j'avais été parfaitement libre dans ma propagande et mes préparatifs, j'aurais attendu deux, trois, quatre, cinq ans même, et tout le temps nécessaire, je n'aurais proposé le départ que quand tout aurait été complétement prêt, et surtout quand la propagande m'aurait donné assez de *vrais Icariens* éprouvés pour qu'il fût possible de commencer avec certitude la fondation d'Icarie, car tout le monde reconnaissait que *la qualité valait mieux que la quantité*, et que les Icariens sont indispensables pour faire une Icarie comme des républicains pour faire une République.

Et pour produire en masse des Icariens pratiques, j'aurais réalisé le projet conçu et publié par moi d'une *petite communauté de dévoués* instruisant et dirigeant une *petite Colonie fraternelle*, placées toutes deux à quelques heures de Paris.

Le local, suffisamment vaste, aurait contenu un bâtiment pour loger la petite Communauté, des logemens, des ateliers, des salons et les écoles pour environ 300 colons, et des terres, soit pour des expériences agricoles soit pour du jardinage.

La *petite Communauté de dévoués* aurait compris de 5 à 20 Communistes qui auraient logé, vécu et travaillé en commun, qui auraient été des savans ou des philosophes, des écrivains ou des orateurs, qui se seraient dévoués comme apôtres à l'éducation et la moralisation du Peuple, qui auraient propagé la doctrine par un journal, des brochures, un almanach, un catéchisme, des chants, tous répandus à un grand nombre d'exemplaires, et qui auraient parcouru les départemens pour y exposer le système dans des discours prononcés en réunions publiques.

La *Colonie fraternelle* aurait compris 3 à 400 travailleurs, hommes, femmes et enfans, qui auraient travaillé et vécu en commun pendant 3 mois, qui auraient complété leur instruction, qui se seraient habitués à la vie sociale ou commune et à la pratique de la fraternité, et qui auraient cédé la place à d'autres pour aller porter dans toutes les villes leurs principes et l'exemple de leurs vertus fraternelles.

J'aurais organisé partout en France et en Europe, des sociétés de toutes espèces, sociétés de tempérances, sociétés de secours mutuels, sociétés pour faciliter aux inventeurs pauvres la prise des brevets d'invention, sociétés pour la défense des prolétaires dans tous leurs procès, et surtout une vaste association Icarienne dans laquelle tous les Icariens se seraient fréquemment réunis pour lire, discuter, se connaître et fraterniser.

Et j'aurais envoyé partout un grand nombre d'apôtres.

Et j'aurais parcouru moi-même les grandes villes pour y exposer mes doctrines et y provoquer toutes les objections.

Et certainement des milliers d'auditeurs seraient accourus à ma voix.

Et quand, sans le secours de tous ces moyens et malgré tous les obstacles, et toutes les persécutions, j'ai pu, en très peu de temps, réunir des disciples si nombreux et si enthousiastes, n'est-il pas indubitable que j'aurais acquis bien autrement de partisans, parmi lesquels j'aurais trouvé suffisamment de vrais Icariens avec tous les fonds nécessaires.

Et pendant ces quatre à cinq années, j'aurais fait ou fait faire toutes les études, toutes les négociations, toutes les explorations et tous les travaux préparatoires sur les lieux, avec toutes les commissions et toutes les Avant-gardes nécessaires pour réunir toutes les chances de succès.

Et ç'aurait été bien autre chose si, comme c'était son intérêt et son devoir, le Gouvernement, au lieu de m'entraver ou de rester indifférent, avait protégé, aidé, facilité l'entreprise !

C'était son intérêt ; car, par ma propagande, je moralisais les masses ; je les habituais à la modération, à la fraternité, à la paix, à la réforme sans révolution, et la révolution n'était plus à craindre ; et l'on économisait les millions dépensés par la Police pour corrompre et démocratiser. — Si l'expérience, ainsi favorisée, ne réussissait pas, le Communisme expirait sans violence ; et si elle réussissait, tout le monde en profitait pour être plus tranquille et plus heureux.

Sous ce rapport et dans l'intérêt général, c'était même un devoir pour le gouvernement de faciliter l'expérience ; et alors l'argent et tous les autres moyens auraient encore moins manqué ; j'aurais eu tous les moyens de transport désirables ; le voyage, qui a été l'une des plus grandes difficultés, n'aurait plus été qu'un facile et utile commencement de Communauté pratique ; et le succès, dans ma conviction, n'avait pas le moindre doute.

J'aurais pu même faire l'expérience soit en Algérie soit en France ; et alors, que de dépenses de moins, que de facilités de plus ! J'aurais garanti le succès sur ma tête !

Voilà ce que j'aurais fait si j'avais été libre ; voici ce que j'ai pu faire.

§ XXII. — Organisation et préparatifs pour le départ.

J'annonçai la formation d'une grande association Icarienne : je publiai les conditions d'admission, et je proposai le contrat-social : plus de cent associés s'étant présentés presque aussitôt, je déclarai la société constituée ; je distribuai des modèles de demandes en admission ; j'instituai des Commissions dans tous les départemens pour recevoir les demandes et me donner leurs avis, et une Commission centrale à Paris pour admettre définitivement, et une *Commission de préparation* pour tous les préparatifs matériels ; je fis deux voyages à Londres pour prendre des renseignemens sur le territoire américain qui pouvait convenir le mieux, et pour en négocier l'acquisition ; je me décidai pour le Texas dans sa partie nord-ouest, du côté de la Californie, et je traitai avec la compagnie Peters, qui me céda gratuitement plus d'un million d'acres de terre, à la condition d'en commencer le défrichement avant le 1er juillet 1848, condition qui lui avait été imposée lors de sa concession par le gouvernement du Texas et dont l'accomplissement par nous lu assurait la propriété d'une égale quantité de terre qu'elle aurait perdue sans nous ; je rédigeai un *supplément de l'Almanach Icarien* pour y donner tous les documens recueillis sur le Texas ; je préparai une première petite Commission d'exploration et une première Avant-Garde qui devaient explorer, choisir et préparer pour une deuxième Commission et une deuxième Avant-Garde, qui devaient préparer le logement, la nourriture et des ateliers pour d'autres Avant-Gardes successives jusqu'à ce que tout fût bien préparé pour recevoir les familles.

Si j'avais pu suivre mon plan, tout aurait réussi : mais, comme on va le voir, la persécution m'a forcé d'accélérer le départ et de changer toutes mes combinaisons.

Avant d'aller plus loin, je m'arrête un moment pour faire connaître les conditions d'admission, le contrat social et le traité Peters.

§ XXIII. — Conditions d'admission.

Le n° 23 du *Populaire* en indiqua d'abord quelques-unes :

1° La condition la plus essentielle c'est un *dévoûment* réfléchi...

2° Il faut *adopter* complètement et sincèrement les principes généraux du système icarien, la *Fraternité*, l'*Égalité*, la *Liberté*, la *Solidarité*, la *Communauté*. — Par conséquent, il faut *connaître* tous les écrits Icariens. — Par conséquent encore, ceux qui ne les connaissent pas, doivent se hâter de les étudier.

3° Il faut être connu pour être *laborieux*, avoir une industrie utile, et être prêt à travailler au défrichement s'il est nécessaire.

4° Il faut être *tempérant*.

5° Il faut jouir d'une *réputation irréprochable*.

6° Il faut s'engager à *abandonner* à la Communauté *tout ce qu'on possèdera* au moment du départ.

Le contrat social (n° 25 du *Populaire*) ajouta une autre condition, celle que le demandeur n'aura aucune *maladie contagieuse* ou *transmissible.*

Le contrat social ajouta encore :

« Celui qui voudra quitter la Société après son arrivée n'aura pas le droit de réclamer son apport; il pourra seulement obtenir un secours. Que chacun réfléchisse donc bien avant de partir ; et s'il craint d'avoir des regrets, qu'il ne parte pas; car nous n'avons besoin que d'hommes bien résolus. »

La *demande en admission* dont le modèle fut publié dans le n° 29, dut contenir et contint la déclaration suivante, signée par chaque demandeur :

« J'accepte toutes les conditions indiquées dans les n° 23 et 25 du *Populaire*. Je m'engage à remplir tous les *devoirs* d'un Icarien. »

L'acte d'admission, imprimé et distribué à chaque admis, portait :

« Considérant que le demandeur *accepte* le contrat social publié dans le

3

n° 25 du *Populaire*, et qu'il est prêt à souscrire *l'engagement* Icarien, la commission l'admet. »

Ainsi, personne n'a été admis que parce qu'il acceptait le contrat social avec toutes les autres conditions, et qu'il se déclarait prêt à souscrire l'engagement Icarien.

Après avoir déclaré la Société constituée (*Populaire* n° 29), je dis à l'assemblée :

« Nous venons de consommer un grand fait, qui commence pour le Communisme une ère nouvelle. Nous allons constituer une véritable *famille de frères*; nous allons, plus que jamais, pratiquer la Fraternité. Si quelque mésintelligence a pu se manifester entre quelques-uns de nous, oublions le passé ; ne songeons plus qu'à nous secourir, à nous aider, à nous défendre, à nous aimer. »

Le n° 34 du *Populaire* contient un avis aux demandeurs ainsi conçu :

« Ceux qui ne sont Icariens que depuis peu de temps et qui sont peu connus des anciens Icariens doivent donner, sur une feuille séparée, tous les *renseignemens nécessaires* pour constater leur *moralité* et leur *bonne réputation*. »

En annonçant l'admission de 58 pour l'Avant-garde, je dis dans le n° 39 :

« Tous ces admis vont être convoqués pour se réunir le plus souvent possible, afin de se connaître, s'instruire et se perfectionner mutuellement, pour prendre l'habitude de la Fraternité, pour s'habituer aussi à n'avoir qu'un *cœur*, qu'une âme, qu'un esprit, qu'une opinion, qu'un sentiment, qu'une volonté, de manière à former entre eux l'UNITÉ la plus parfaite.

» Puis bientôt, quand nous les connaîtrons tous, nous choisirons ceux qui nous paraîtront convenir le mieux pour la mission spéciale de la première Avant-garde.

» Avec toutes ces précautions, nous ne doutons pas que nous aurons des hommes bien dignes et bien capables d'être les premiers travailleurs et les premiers soldats de l'Humanité. »

Un nouveau *prospectus*, publié dans le n° 73, répète ainsi les conditions d'admissions :

« Pour chaque émigrant, le but de l'émigration peut être son intérêt personnel, raisonnable et bien entendu, celui d'acquérir la sécurité et le bien-être par un travail modéré et la satisfaction de ne voir que des frères heureux ; mais le but *principal* doit être de travailler au bonheur de l'Humanité en se dévouant à sa cause.

» Il faut adopter le système Icarien.

» Il faut apporter à la Communauté *tout ce qu'on possède*, en argent et en nature, sans aucune exception, parce que, dans la Communauté, personne ne peut être plus riche qu'un autre, ni avoir de *propriété personnelle* ; personne ne peut être mieux traité que ses frères. La Communauté n'admet pas sans cette condition. »

» Personne ne pourra ni *réclamer son apport* même en partie, ni quitter la Communauté sans autorisation.

» Le devoir d'un Icarien consiste généralement à bien exécuter le contrat social, à suivre la direction du Gérant, à rester fidèle à Icarie et dévoué à la Communauté, à pratiquer la Fraternité. »

Enfin, l'*engagement Icarien*, signé au Havre, au moment du départ, par les 69 membres de la première Avant-Garde, fut pour eux la condition de leur admission définitive, et devint la condition d'admission pour tous ceux qui partiraient ensuite. Nous verrons (page 46) cet engagement, publié dans le n° 45 du *Populaire*. Voici le Contrat-Social :

§ XXIV. — Contrat social Icarien.

S'il était possible de réunir tous les Icariens pour discuter leur Contrat-Social, je les réunirais : mais, la chose étant impossible, je prends l'initiative et je propose ou soumets à leur acceptation l'acte de société ou le Contrat-Social publié dans le n° 25 du *Populaire* et dont voici la substance :

La Société est une *Société universelle de tous biens*, ou une *Société solidaire en nom collectif*.

Son *but* est d'établir une grande Communauté nationale, de fonder une Nation, un Peuple, un État, d'acquérir un vaste territoire, de défricher, cultiver, construire, etc., etc.

Le *nombre* des Associés est illimité.

Le *capital* social se compose de la fortune de tous les Associés.

La Société sera administrée et gouvernée par une *Gérance unique* pendant *dix ans*.

Le Directeur-Gérant sera *M. Cabet*, qui sera considéré comme *élu* par l'adhésion de chacun au Contrat-Social.

Le *devoir* général du Directeur-Gérant est de se considérer comme le frère de tous les Associés et comme le serviteur et le mandataire de la Société, de n'avoir jamais d'autre but que l'intérêt commun, de se consacrer et de se dévouer tout entier au bonheur général, et de donner l'exemple de toutes les vertus civiques ou sociales.

Et puisqu'il doit donner l'exemple du dévoûment et de la pratique de la Fraternité et de l'Égalité, il ne doit avoir aucun traitement ni aucun avantage purement personnel, mais seulement être nourri, vêtu, logé comme tous les autres Associés, sans aucun privilége ni dans la nourriture, ni dans le logement, ni dans le vêtement.

Il sera *responsable* et soumis au jugement de la *Société à la fin de sa gérance*. — Toutes les opérations importantes seront constatées par écrit et rendues *publiques*.

Il aura la *signature sociale Cabet et Cie*, et *représentera* la Société.

La Société sera *constituée* dès qu'il y aura *cent adhésions*. — Les cent premiers Associés s'admettront réciproquement. — Ensuite des Commissions seront établies dans les départemens et un Comité central à Paris, pour prononcer sur les *admissions* à l'*unanimité*.

Chaque demandeur en admission doit verser 10 fr. dans la caisse de préparation, pour les dépenses préparatoires.

Chaque Associé doit prendre *l'engagement* d'apporter au moment du départ, *tout ce qu'il possède*, 600 fr. au moins, avec son industrie, sa capacité et son travail, de remplir toutes les *conditions*, et de *se conformer* aux principes et aux règles de la Communauté Icarienne.

Les Associés sont *égaux* et *solidaires* en *droits* comme en *devoirs* ; tous sont électeurs et éligibles ; tous sont également co-propriétaires indivis ; tous doivent être également bien nourris, vêtus et logés, eux et leurs familles, tous ont le même droit de se marier et de faire donner à leurs enfans l'éducation gratuite et commune.

Celui qui voudra *quitter la Société* après son arrivée n'aura pas le droit de réclamer son apport. — Il pourra seulement obtenir un secours. Que chacun réfléchisse donc bien avant de partir ; et, s'il craint d'avoir des regrets qu'il ne parte pas, car nous n'avons besoin que d'hommes bien résolus.

Et tous les engagemens, d'abord *provisoires* seulement pour les admis, ne devenaient *définitifs* pour eux qu'au moment du départ, tandis que je m'engageais moi-même définitivement dès le principe, ce qui, de ma part, était certainement un acte de dévoûment.

Ainsi, je proposai de m'accepter ou de m'élire Directeur-Gérant unique et dictatorial pendant dix ans, condition qui me paraissait indispensable pour le succès et sans laquelle je n'aurais rien voulu entreprendre ; et tous les Icariens acceptèrent librement et volontairement ; beaucoup déclarèrent même qu'ils ne partiraient ni avec un autre Directeur, ni sans ma Gérance unique et dictatoriale pendant dix ans.

Nous verrons que, en 1850, j'ai présenté moi-même et fait accepter une nouvelle Constitution qui substitue une Gérance multiple (à six membres) élective et annuelle.....

§ XXV. — Nombreuses admissions.

Beaucoup de demandes en admission furent présentées pour les premières Avant-Gardes ; on me suppliait, on me conjurait d'admettre à l'honneur de partager les premières fatigues et les premiers périls de la fondation.

La caisse sociale reçut les apports, les avances, les souscriptions, les dons, les bijoux, que les femmes venaient déposer avec enthousiasme ; puis cette caisse sociale fit toutes les dépenses qu'exigeaient les préparatifs de l'Émigration.

J'y versai moi-même tout ce que je pouvais posséder, et ce fut moi qui fis l'apport le plus considérable, puisque j'apportai à la Communauté tout ce que je pouvais avoir acquis dans le passé et toute mon existence dans l'avenir.

Toujours entraîné par un sentiment d'humanité et de fraternité, j'admis, même sans apport ou avec des apports incomplets, un grand nombre de Travailleurs qui me paraissaient utiles par leurs talens et leur courage, et surtout dignes par leurs qualités et leur dévoûment. C'était une singulière manière de les escroquer !

§ XXVI. — Le Texas convenait parfaitement.

Les Icariens avaient une telle confiance en moi qu'ils m'auraient généralement suivi partout, en Asie, en Afrique, en Amérique.

Après avoir pris tous les renseignemens possibles en France, en Angleterre, auprès des consuls américains et de plusieurs voyageurs, je choisis le Texas dans sa partie nord, parce qu'il nous offrait les avantages de la fertilité, de la salubrité, d'une situation à l'entrée de l'Amérique, d'un abord facile par la mer et plusieurs rivières (le *Mississipi*, la *Rivière-Rouge*, la *Sabine*, la *Trinité*, etc.), navigables ou pouvant facilement être rendues navigables.

Il nous présentait aussi l'avantage essentiel d'une étendue illimitée du côté de l'ouest vers la Californie et du côté du nord dans l'Archansas et dans le territoire indien. Nous pouvions y fonder un État, une Nation.

La combinaison était réellement magnifique !

§ XXVII. — Acquisition de terrain. — Traité Peters.

Je fis un premier voyage à Londres en 1847, pour consulter Robert Owen qui venait d'arriver d'Amérique. — Il m'indiqua le Texas comme la position la plus convenable sous tous les rapports. Il m'engagea à négocier avec la compagnie Peters qui y possédait près de dix millions d'acres de terre le long de la Rivière-Rouge.

Je chargeai deux agens d'aller en Amérique à *Cincinnati* où demeurait M. Peters pour négocier avec lui, à deux mille lieues. Je devais partir moi-même pour l'Amérique à l'effet d'y traiter, soit avec le gouvernement américain à *Wasington*, soit avec M. Peters à *Cincinnati*, lorsque j'appris que M. Peters venait d'arriver à Londres, pour vendre en Europe les vastes terres concédées à sa compagnie et situées dans le Texas.

Je fis à l'instant un second voyage à Londres en décembre ; et, après quinze jours de négociations, je traitai avec M. Peters, qui me remit, le 3 janvier, un *acte signé de lui* et de son agent européen, par lequel il cédait à moi et à la Société Icarienne plus d'un million d'acres de terre.

Et malgré ces voyages et ce traité, on prétendra, en mon absence, que je n'avais point de terres en Amérique, que mon entreprise d'émigration et de colonisation n'était qu'une fausse entreprise, une entreprise chimérique, imaginée et supposée pour cacher et faciliter une *escroquerie.....* !

J'avais même été sur le point de faire un autre traité avec un M. Pellegrini pour acquérir de lui d'autres terres situées dans le sud-ouest du Texas pour 50,000 fr., payables en partie comptant et le reste à des termes très rapprochés. Je prenais ainsi, dans l'intérêt de la Com-

munauté, une charge qui m'aurait donné bien de l'embarras et bien du
souci ; et pour tant de dévouement, on m'accusera d'escroquerie !

Mais on redoutait le succès de mon entreprise, et pour l'arrêter, on
recommença la redoutable persécution dirigée depuis longtemps contre
le Communisme et contre moi (§ VIII).

§ XXVIII. — Nouvelle Persécution. — Procès de Saint-Quentin.

Nous avons vu (pag. 14) le Procureur-général de Rouen
essayer vainement de tuer le *Populaire* : j'allai défendre notre
journal, qui fut sauvé devant le Tribunal et devant la Cour.

Mais le discours de la Couronne, à l'ouverture de la session
de 1847, déclara la guerre au Communisme, et je fus poursuivi devant le tribunal de Saint-Quentin : voici sous quel
prétexte.

Une quinzaine de jeunes paysans Icariens habitant plusieurs
villages dans les environs de Saint-Quentin, se réunissent publiquement un dimanche (11 octobre), dans un cabaret, pour
se connaître, fraterniser, boire et chanter.

Le Procureur du Roi, feignant d'avoir découvert là un immense complot contre le trône et la Société, met sur pied
toute la force publique, fait des visites domiciliaires, fait saisir
partout le *Populaire*, mes écrits et mon portrait, lance des
mandats, interroge, entend des témoins, et fait arrêter trois
individus qu'il fait enchaîner et mettre au secret comme des
brigands.

Puis il ordonne des visites chez mes correspondans à Reims
et dans plusieurs autres villes, et fait saisir mes ouvrages et
ma correspondance avec eux.

Puis on vient saisir leurs lettres chez moi, au bureau du
Populaire.

Et le Procureur du Roi ne parle encore que d'une prétendue *Société secrète* conspiratrice entre tous ces Icariens.

Mais il finit par m'englober dans la poursuite en m'accusant
d'être l'instigateur et le complice, ou plutôt le chef de la Société secrète et du complot.

Je lui écris, pour me plaindre de cette persécution, une lettre publiée dans le *Populaire* du 21 novembre.

Et il lance un mandat de comparution contre moi pour me faire interroger à Saint-Quentin, sans oser encore m'accuser d'escroquerie.

Je me rends à Saint-Quentin pour y être interrogé, persuadé qu'on a l'intention de m'y faire *arrêter*. Mais vous allez voir si je redoute l'accusation de complot et celle d'escroquerie! Voici quelques fragmens de mon interrogatoire, publié dans le *Populaire* du 19 décembre.

Demande: Vous avez été le *fondateur du Communisme en France*. — *Réponse*: Vous me faites trop d'honneur! Je ne suis qu'un de ses principaux propagateurs. Je suis, si vous voulez, l'organisateur et le réalisateur du Communisme *Icarien*, essentiellement *pacifique*, tandis que le Babouvisme était essentiellement révolutionnaire.

D. Le but *apparent* de vos doctrines est la régénération de la Société sur des bases égalitaires? — R. Non le but *apparent*, mais le but réel, sans arrière-pensée.

D. C'est dans ce but que vous avez créé le *Populaire*? — R. J'ai composé le *Voyage en Icarie* pour exposer ma doctrine, et le *Populaire* ainsi que quarante autres écrits, pour la développer et la défendre.

D. Vous aviez une grande *Société secrète*, car vous aviez un *conseil de rédaction* avec un *règlement* et un *président*, beaucoup d'*actionnaires* à 100 fr. et à 10 fr., des *correspondans* partout, des *agens* et des *voyageurs* pour faire des abonnemens et des souscriptions, des colporteurs ou distributeurs, enfin beaucoup d'abonnés et de souscripteurs?... — R. Oui, comme tous les journaux, et je voudrais en avoir davantage: mais tout cela ne constitue nullement une *société secrète*.

D. Vos abonnés étaient des hommes choisis?... — R. Non Monsieur!

D. Voici une note saisie chez un de vos agens, par laquelle il vous engage à cesser l'abonnement de Gard..., parce qu'il s'opiniâtre à être partisan des *sociétés secrètes* et qu'il dit partout que M. Cabet est un *brigand qui embête le Peuple et qui empêche la révolution*... — R. Mais cela prouve que je ne voulais pas de société secrète! La Justice prend ici le contre-pied de la vérité!

D. Vous êtes le *centre*, le *directeur* du Communisme? — R. Oui, comme l'école Phalanstérienne est le centre et la direction du Fouriérisme, comme chaque journal est le centre et le directeur de son parti.

D. Votre *but véritable* est une RÉVOLUTION, *la loi agraire, l'abolition violente de la Propriété*. — R. Mais non, non, non, mille fois non! Je proteste! Tous mes écrits, tous mes actes, depuis mon retour de l'exil protestent également. Les révolutionnaires sont furieux contre moi parce que j'empêche, disent-ils, une révolution. Vous tournez le dos à la vérité!

D. Icarie est une *fiction* pour arriver à la *réalisation du Commu-*

nisme en France. — R. Mais non ! Vous prenez toujours le contre-
pied de la vérité!

D. Puisque Icarie est une *utopie* (lieu ou chose qui n'existe pas)
comment *annoncez-vous un départ pour un lieu qui n'existe pas ?*
— R. Comment, vous ne comprenez pas? Jusqu'au projet de départ
Icarie n'était qu'une utopie ; mais aujourd'hui je veux transformer l'u-
topie en réalité en allant fonder en Amérique une Société que nous appelons Icarie...

D. Avez-vous un *lieu en Amérique*? — R. Oui, Monsieur, j'ai fait
récemment un voyage en Angleterre à ce sujet, et j'y serais une seconde
fois si vous ne m'aviez pas troublé dans mes opérations.

D. Vos ennemis vous reprochent de demander sans cesse de l'argent... — R. Mes ennemis parlent en *ennemis*, et ne me donnent jamais rien. Oui, l'argent est malheureusement nécessaire, et personne
ne fait rien sans argent. J'en ai besoin, comme tout le monde, pour
faire le journal, pour réaliser mon immense projet.. J'en ai demandé
publiquement, j'en demande et j'en demanderai continuellement à tous
mes amis, à tous les amis du Peuple et de l'Humanité. J'en demande
comme la *Démocratie Pacifique*, comme le *National*, comme la *Réforme*, etc. J'en demande comme le *Budget* ou comme Louis-Philippe, qui demande chaque année beaucoup de millions de plus !...

D. Mais quelle *garantie* offrez-vous ? — R. Ma parole et ma réputation d'incorruptible probité et de dévoûment, qu'une masse de travailleurs d'élite, aussi remplie d'intelligence que de cœur, considère
comme une garantie meilleure qu'une hypothèque.

D. Vous avez souvent besoin d'argent ; vous faites des *emprunts*...
— R. Je fais comme tous les journaux qui ne reçoivent pas de subvention! Je fais comme le Trésor et la Liste civile, qui empruntent souvent...
J'emprunterai cent millions et je les aurai, soit par des capitalistes,
soit par les travailleurs, qui me confieront tout ce qu'ils possèdent !...

D. Mais, sous le nom de fraternité et d'humanité, ne feriez-vous pas une
affaire commerciale dans votre *intérêt personnel ?* — C'est trop fort,
Monsieur ! Que vous m'accusiez de vouloir une révolution, je le comprends encore, quoique ce soit aveuglement et folie ; mais m'accuser de
cupidité, c'est un outrage ! Vous faites bien de l'honneur à la Magistrature en injuriant ainsi un ancien Procureur-général, l'ancien élu de la
Côte-d'Or ! Parce que vous avez vu des ministres condamnés comme
concussionnaires, croyez-vous avoir le droit de m'accuser de spéculations égoïstes et perfides? *Louis-Philippe*, qui me connaît mieux que
vous, a meilleure opinion de moi, j'en suis sûr ! Et vous devriez savoir
que, dix fois, dans son salon, en présence d'une nombreuse réunion
d'hommes politiques, Laffitte a déclaré qu'il ne connaissait personne
d'aussi *désintéressé* ; qu'il avait été chargé de m'offrir tout ce que je
pourrais vouloir et que j'avais tout refusé.

D. Mais vous vendez vous-même votre portrait, votre biographie !...
— R. Et quand même cela serait? Comme vous épluchez ! mais je vous
répondrai que ma *Biographie* a été discutée, votée et publiée par les
actionnaires du *Populaire* dans l'intérêt de leur cause, et que, loin
d'être une spéculation d'argent, cet ouvrage se vend beaucoup moins
cher qu'il a coûté. Quant au *Portrait*, c'est le Bureau qui le vend, sans
aucun produit pour moi, et je ne l'ai consenti que sur les plus pressantes

instances de la masse Icarienne, pour être plus sûr de la ressemblance, après avoir refusé vingt fois surtout pendant mon passage à Lyon. Mais puisque vous m'attaquez sur mon portrait, je vous apprendrai qu'on le fait maintenant en plâtre, comme d'Argenson l'a fait frapper en bronze en 1833. Vous allez probablement en faire vendre beaucoup vous-même !

D. Vous paraissez avoir un *but personnel*; il semble que vous cherchez à réaliser le portrait tracé dans la *table* de votre *Voyage en Icarie*, page 584, où vous dites au mot *Icar* : « ... Poursuivi et condamné « pour une brochure... Devient riche... Reconnu chef du parti popu- » laire. Par son ascendant, il empêche toutes les tentatives imprudentes. » Proclamé dictateur... » Tout cela paraît s'appliquer à vous. — Quel honneur vous me faites ! comme vous me grandissez ! Cependant, pourquoi tronquez-vous l'article en supprimant vingt autres traits qui ne peuvent s'appliquer à moi ? Pourquoi ne citez-vous pas ceux-ci qui me rendraient moins effroyable : « Icar fait tout pour arrêter le *massacre*.., » Il dépose la dictature et refuse la dictature à vie et même la prési- » dence de la République. » Et vous allez fouiller dans une *table* de matières pour trouver quelqu'ombre d'accusation ! Mais, oui, j'ai un *but personnel*, celui de me dévouer personnellement à la cause de l'Humanité, en m'exposant à toutes les haines, à toutes les calomnies, à toutes les persécutions, à toutes les fatigues et à tous les dangers ! »

Tel fut mon interrogatoire à Saint-Quentin. Et l'on doit voir que ni le Juge d'instruction ni le Procureur du Roi n'osaient encore prononcer le mot *d'escroquerie*, et qu'ils ne voyaient dans toute l'affaire qu'un projet de *révolution en France*.

Le Procureur du Roi et d'autres s'obstinaient dans leur prévention et leur aveuglement jusqu'à dire que l'annonce du départ pour Icarie n'était qu'une *ruse;* qu'il n'y aurait aucun départ ni pour les Icariens ni pour moi ; que, quand même on louerait des vaisseaux, ce louage ne serait aussi qu'une ruse pour mieux masquer une prochaine insurrection ; et que, quand même je m'embarquerais avec quelques centaines d'Icariens, cet embarquement ne serait encore qu'une *ruse* et que je reviendrais le lendemain ou le surlendemain avec eux pour commencer l'insurrection....

Je croyais qu'on allait m'arrêter ; je ne doute pas qu'on en avait d'abord le projet et la résolution, car plusieurs journaux de Paris avaient annoncé mon arrestation d'après le journal ministériel de Saint-Quentin : mais on recula devant l'évidence des faits et peut-être devant la fermeté de mes réponses.

C'est alors que je fis mon second voyage en Angleterre pour terminer, soit avec M. Pellegrini soit avec M. Peters, une des deux négociations commencées, et que je revins à Paris, le 5 janvier 1848, apportant dans ma poche le *traité Peeters*.

Mais la Police me guettait et m'attendait ; et deux heures après mon arrivée, à sept heures du matin, quand j'étais encore au lit pour me reposer, elle vint m'arrêter et saisir tous mes registres et livres de comptabilité, tous mes dossiers, toute ma correspondance avec la France et les pays étrangers, 15 à 16,000 pièces!

Cet enlèvement de papiers pouvait ruiner et tuer le *Populaire*, tandis que cette saisie et mon arrestation pouvaient faire perdre aux Icariens une valeur de *beaucoup de millions* que je venais d'acquérir conditionnellement pour eux.

Et cette fois, le Procureur du Roi de Saint-Quentin, qui envoyait à Paris l'ordre de me faire arrêter, ajouta, à l'accusation de *Société secrète* ou de complot, celle *d'escroquerie*, quoique les deux accusations fussent parfaitement contradictoires et inconciliables ; car si j'avais recueilli de l'argent pour acheter des armes et des munitions afin de réaliser une révolution dans l'intérêt général, il ne pouvait y avoir escroquerie dans mon intérêt personnel, et s'il était possible qu'il y eût escroquerie, il ne pouvait y avoir complot pour une révolution.

Quoi qu'il en soit, j'étais emprisonné préventivement : je fus interrogé par l'un des Juges d'instruction de Paris, et mon nouvel interrogatoire ne roula que sur l'accusation *d'escroquerie*.

Mais je racontai au Juge d'instruction mes voyages en Angleterre et mes négociations avec M. Peeters. Je lui confiai mon *traité* avec celui-ci, la concession d'un million d'acres de terre consentie par lui, deux jours auparavant, à la condition d'en commencer l'exploitation avant le 1er juillet prochain.

Le Juge d'instruction me rendit le *traité*, après en avoir fait faire une copie pour être jointe à sa procédure et envoyée à Saint-Quentin.

Il prit aussi connaissance des livres de comptabilité et des autres pièces saisies.

Puis, bien convaincu, à ce qu'il paraît, qu'il n'y avait pas plus d'apparence *d'escroquerie* que de *société secrète* et de complot, il me rendit la liberté le 7, sans convertir le mandat d'amener en mandat d'arrêt, comme beaucoup de personnes s'y attendaient, notamment sans doute le Procureur du Roi de Saint-Quentin.

Mais l'instruction n'en continua pas moins à Saint-Quentin, où toutes les pièces saisies furent envoyées.

Cependant, presque tous les journaux de Paris et beaucoup de ceux des départements s'occupèrent de la poursuite contre moi et la blâmèrent. Plusieurs manifestèrent pour moi beaucoup d'estime et de bienveillance ; les plus opposés soit au Communisme soit à l'Émigration reconnurent que j'étais *incapable d'escroqueries.*

De tous côtés, des pays étrangers comme de France, je reçus d'innombrables *adresses collectives* et d'innombrables lettres particulières, remplies d'enthousiasme, qui m'exprimaient des sentiments de reconnaissance, de respect et d'affection filiale, et qui furent insérées dans le *Populaire*, comme j'y faisais insérer toutes les objections, toutes les critiques, toutes les calomnies, toutes les hostilités et toutes les persécutions.

Les souscriptions de toute nature prirent un redoublement d'activité : chacun se vantait de vouloir se faire *escroquer par moi* ; chacun demandait l'honneur d'être des premiers à partir pour Icarie.

Et sans nous laisser intimider et décourager par ces persécutions, nous redoublâmes d'énergie et d'activité pour vaincre toutes les difficultés, surmonter tous les obstacles, et réaliser le départ malgré le procès. Assurément c'était de là hardiesse !

Car le Procureur du Roi était si acharné pour une condamnation contre les Icariens et contre moi qu'il persista à demander au Tribunal l'autorisation de nous poursuivre, moi en tête, pour *société secrète* et complot, et que, quand le Tribunal eut refusé cette autorisation, il attaqua cette décision devant la Cour.

Mais l'accusation *d'escroquerie* parut si dénuée de fondement et si absurde à ce Procureur du Roi lui-même que, malgré son ardente hostilité contre moi, il se sentit obligé d'abandonner formellement cette accusation dans son Réquisitoire du 9 février.

Cette accusation d'escroquerie fut également repoussée, le 18 février, par le Juge d'instruction et par le Tribunal, dans la chambre du conseil : elle se trouva abandonnée ou repoussée à l'unanimité, quoiqu'en mon absence, chose très rare !

Et l'ordonnance de non-lieu, qui m'appelle le *chef reconnu du parti communiste*, est motivée, ainsi que le réquisitoire du Procureur du Roi, sur l'existence et la production du *traité Peeters*.

Le tribunal considère en outre qu'il ne résulte pas de la procédure que Cabet *ait détourné à son profit personnel* les fonds et valeurs qu'il s'était fait remettre *dans un but de doctrine*.

La poursuite pendant quatre mois, l'accusation publique, la saisie des lettres et des livres de comptabilité, la sommation de me transporter à Saint-Quentin, mon interrogatoire, mon arrestation et mon emprisonnement à Paris, etc., n'étaient donc qu'une incontestable et monstrueuse persécution !

Et néanmoins on renouvellera en 1849, avec plus d'acharnement encore, cette ignoble et abominable calomnie ! ! !

§ XXIX. — Plainte à Louis-Philippe.

Je voulais écrire à Louis-Philippe une lettre publique pour me plaindre de cette persécution. Je voulais lui dire que ses agens le compromettaient par leur injustice et leur violence, mais que tous leurs efforts seraient impuissans pour arrêter le Communisme, et que celui-ci durerait plus qu'un trône appuyé sur le despotisme et l'iniquité.

J'annonçai le projet de cette lettre dans le *Populaire* du 16 janvier : mais la révolution vint confirmer ma prophétie avant que je l'aie annoncée ; et si j'avais eu le temps de faire et de publier ma lettre, on aurait dit que j'étais réellement prophète ou que j'étais l'un des préparateurs ou des confidens de la Révolution !.....

§ XXX. — Départ de Sully.

Pendant le procès, je fais partir Sully le 2 décembre 1847, avec une somme de 3,400 francs pour le Texas, en passant par la Nouvelle-Orléans.

Persuadé que la Rivière-Rouge est navigable au-dessus de Shreveport, même au-dessus de Fulton, même au-dessus du Cross-Timber, je le charge de choisir et d'occuper (en vertu de la loi de préemption), ou d'acheter conditionnellement un terrain qui pourrait servir de première station provisoire, entre Fulton et le Cross-Timber.

Mais, en arrivant à Shreveport, apprenant que la Rivière Rouge n'est pas alors facilement navigable au-delà de Shreveport, il achète, pour environ 15,000 fr., une ferme d'environ 3,000 acres, à *Sulphur prairie*, à 25 ou 30 lieues de Shreveport et de la Rivière Rouge, sous la condition de ma ratification, et je ratifierai moi-même l'achat sous la condition qu'il sera approuvé par la première Avant-Garde quand elle arrivera.

§ XXXI. — Départ de la première Avant-Garde. — Engagement Icarien.

L'ardeur pour faire partie de la première Avant-Garde est telle que, au lieu de 10 à 20 que je voulais admettre pour la composer, et malgré la saisie de toutes les demandes en admission, je suis presque obligé d'admettre 69 Icariens, qui seraient désolés si je les refusais.

Presque toutes les industries sont représentées par eux, et tous s'engagent à défricher et cultiver la terre.

Ils emportent un matériel immense en machines, outils, livres, graines, etc.

Ils ont des armes, des munitions, des guêtres, des tentes, pour voyager à pied.

Ils ont deux médecins-chirurgiens avec les instrumens et la pharmacie nécessaires.

Je leur porte à tous autant d'intérêt que s'ils étaient mes enfans ou mes frères, et tous me témoignent autant d'affection que si j'étais leur père.

Le 29 janvier 1848, nous partons de Paris pour le Havre (car je les accompagne avec la Commission de préparation), dans le costume Icarien (tunique en velours noir et chapeau gris).

Une foule immense salue les Partans au chemin de fer, en les applaudissant et en criant *au revoir* !

Au Havre, dans un banquet fraternel avec les Icariens de la ville et des environs, après un grand nombre de discours improvisés, l'un des médecins de l'Avant-Garde lit, en son nom, l'adresse suivante :

Adresse de la première Avant-Garde.

« Cher et vénéré Père,

» Avant de mettre le pied sur le vaisseau, avant d'aller fonder, comme vous le dites, l'empire de la FRATERNITÉ, il nous reste un dernier devoir à remplir; il nous reste à vous offrir, comme gage de notre œuvre future, le tribut de notre *reconnaissance*.

» Fidèle et sincère propagateur de la doctrine du CHRIST, vous avez commencé par mettre en action sa sublime morale. Vous avez réalisé l'admirable parabole du père de famille qui, comprenant que la Fraternité et l'Egalité sont inséparables, traite les Ouvriers de la vigne comme ses enfans, n'admettant parmi eux ni premiers ni derniers, ouvrant également à tous le trésor de sa bonté, pour leur montrer que tous ils sont frères, et que chacun d'eux doit être satisfait en proportion de ses besoins.

» C'est ainsi que pour notre Avant-Garde, on a admis tous les hommes de dévoûment et de bonne volonté, sans apprécier s'ils avaient depuis plus ou moins de temps, porté le poids de la propagande et des persécutions qui y sont attachées.

» Tous ont été élus dans la mesure de leur courage et de leur spontanéité. Et cette parole de l'Evangile a trouvé son application : Les premiers seront les derniers, et les derniers seront les premiers. *La palme restera au plus dévoué, c'est à vous que nous la décernons ;* car vous vous êtes fait volontairement *l'esclave vigilant* et indomptable des idées qui feront la rédemption du Genre humain.

» Vous êtes devenu le *serviteur* de tous, vous vous êtes rendu solidaire pour tous vos enfans, entrant jusque dans *les moindres détails pour assurer le bien-être et le bonheur de chacun d'eux*..... S'il y a eu de la peine, du travail, des tourmens et même *de l'opprobre et du déboire*, ça été pour *vous* ; vous avez tout accepté pour le salut de la nouvelle Jérusalem, et l'on a osé attacher à votre front, comme une couronne d'épines, *une note d'infamie*. Réjouissez-vous, elle se change en *une auréole de gloire*, pour la confusion de vos ennemis.

» Voilà pourquoi notre correspondance se manifestera dans une vie consacrée tout entière à une tentative qui est la première phase du bonheur de l'Humanité ; c'est à notre dévoûment à l'œuvre que vous jugerez la force de notre gratitude. Donc, qu'à notre départ ne se mêlent point de larmes, ce n'est point un adieu vulgaire que nous nous disons. Notre adieu n'est-il point gros d'avenir et d'espoir ? N'est-ce pas comme une naissance à une vie nouvelle ?

» Et la bannière qui flottera aux bords Icariens avec sa glorieuse devise : *Fraternité*, ne sera-t-elle pas, aux yeux du Vieux-Monde, comme un signe éternel de sauvetage qui appellera les naufragés ? »

Pendant trois jours, nous nous réunissons tous les soirs pour nous bien expliquer et pour tout organiser. — La première Avant-Garde aura un Délégué (*Gouhenant* unanimement accepté par elle), un sous-Délégué, un Conseil de cinq, un Secrétaire-rédacteur et un Caissier. Tous les membres pourront se réunir en *Assemblée générale*.

Puis, dans la nuit du 2, je propose l'engagement suivant :

Engagement Icarien.

« Persistez-vous à déclarer que vous connaissez parfaitement le système, la doctrine, les principes de la Communauté Icarienne ? — Oui, s'écrient-ils.

» Persistez-vous à les adopter de toute la force de votre conviction ? — Oui, oui !

» Adoptez-vous surtout le principe de la Fraternité des hommes et des peuples, et toutes ses conséquences ? — Oui, répondent-ils avec plus de force !

» Vous sentez-vous la force et l'inébranlable volonté de vous dévouer à la réalisation de la Fraternité et de la Communauté ? — Oui, oui !

» Vous dévouez-vous pour l'intérêt et le bonheur des Femmes, des Enfans, des masses opprimées par la misère et l'ignorance ? — Avec transports : oui, oui !

» Acceptez-vous le titre de soldats de l'Humanité, avec tous les devoirs que ce titre vous impose ? — Avec une ardeur croissante : oui, oui !

» Etes-vous résolus à supporter toutes les fatigues et toutes les privations, à braver tous les dangers, dans l'intérêt général et commun ? — Avec enthousiasme : oui, oui, oui !

» Etes-vous bien convaincus que votre premier intérêt et votre premier devoir envers la Communauté sont l'union, la concorde, la tolérance et l'indulgence des uns envers les autres, l'ordre, la discipline et l'unité ? — Tous ensemble : oui, oui !

» Etes-vous bien décidés à tout sacrifier à cette nécessité de la discipline et de l'unité ? — Oui, oui !

» Vous adoptez-vous sincèrement pour frères, et vous engagez-vous fermement à pratiquer la Fraternité, à vous aimer, à vous secourir, à vous aider, à vous dévouer réciproquement comme des frères ? — Avec enthousiasme : oui, oui !

» Jurez-vous de rester à jamais fidèles au drapeau d'Icarie, de l'Humanité, de la Fraternité et de la Communauté ? — Avec un redoublement de force et les mains tendues : nous le jurons !

» Consentez-vous à ce que celui qui abandonnerait ses frères pour n'écouter que son intérêt personnel, et égoïste pût être publiquement flétri comme un déserteur et un traître ? — Oui, oui !

» Acceptez-vous complétement, sans répugnance, sans arrière-pensée, le Contrat-Social publié dans le *Populaire* du 25 septembre 1847 ? — Tous ensemble : oui, oui !

» Acceptez-vous la Gérance unique et consentez-vous à me la confier pour dix ans ? — Avec une chaleur toujours croissante : oui, oui !

» Votre acceptation est-elle à vos yeux une véritable élection ? — Oui, une élection !

» Jurez-vous de vous soumettre à la direction du Gérant, comme je jure de consacrer toute mon existence à la réalisation de la Communauté sur la base de la Fraternité ? — Tous ensemble, en tendant les mains : oui, nous le jurons ! »

Il est presque impossible de rendre fidèlement cette scène, qui sera l'une des plus mémorables dans l'histoire d'Icarie. Il est deux heures du matin, et l'on croit partir à six heures : c'est donc au moment suprême. Chaque question, écoutée dans un religieux silence, est répondue par des cris unanimes, au milieu de transports d'enthousiasme.

Puis enfin, le 3 au matin, la première Avant-Garde part en chantant le chant du départ Icarien, accompagnée de milliers de vœux qui les suivent sur l'Océan.

D'autres Avant-Gardes iraient bientôt rejoindre la première, si la Révolution n'éclatait pas comme une bombe, tellement que la première chose que les émigrans entendront en arrivant à la Nouvelle-Orléans, sera le bruit du canon annonçant la nouvelle de cette révolution.....

§ XXXII. — **Révolution de Février.**

Je ne la croyais pas possible alors. Le Peuple montra certainement beaucoup de résolution et de courage ; mais enfin, l'on doit reconnaître qu'elle fut presque l'effet du hasard et qu'elle présentait beaucoup moins de chances qu'elle en présenterait aujourd'hui.

Je ne la désirais même pas et je la trouvais prématurée parce que, comme je l'avais dit souvent, la chose la plus importante n'était pas de vaincre, mais d'utiliser la victoire, ou de démolir, mais de reconstruire ; et parce que, d'un côté, le Peuple des villes comme celui des campagnes me paraissait encore trop confiant et trop crédule, trop peu éclairé sur les hommes et sur les choses, sur ses véritables amis et ses véritables ennemis, comme sur ses véritables intérêts, et par conséquent trop facile à tromper et à exploiter, tandis que, d'un autre côté, la tête du Parti révolutionnaire ne me paraissait pas avoir l'instruction politique et révolutionnaire, l'habileté, l'énergie, le dévoûment, en un mot les qualités et les vertus nécessaires pour consolider une révolution populaire et démocratique, qui devait fixer les destinées de la France, de l'Europe et de l'Humanité.

Les événemens n'ont que trop confirmé mon opinion !

Les Icariens la partageaient, et néanmoins, essentiellement dévoués à la cause du Peuple et du progrès, ils se jetèrent bravement dans la révolution et ne furent pas sans influence sur la victoire. Aussi, l'un d'eux, lieutenant dans la garde nationale et gérant du *Populaire*, *Robillard*, fut-il proclamé par les combattans, le 25, commandant de bataillon.

Si je n'avais pas cru la Révolution prématurée, je me serais jeté moi-même à corps perdu dans la lutte.

Et si j'avais été ambitieux ou cupide, j'aurais certainement pu forcer l'entrée du Gouvernement provisoire.

Et je ne serais pas accusé aujourd'hui d'escroquerie !

Et c'est peut-être un malheur que je n'aie pas voulu entrer au pouvoir ; car j'aurais peut-être contribué à tout changer et à tout sauver.

Mais d'une part, je craignais que les préventions contre le Communisme ne fussent encore trop fortes et que les Icariens ne fussent encore trop peu nombreux, et d'autre part, je ne pouvais croire qu'on pourrait perdre une si belle révolution.

Et tandis que tout le monde, excepté les Icariens, se précipitait à la curée des places, je ne m'occupai, moi, le matin du 25, qu'à rédiger et publier, à faire afficher et envoyer partout la proclamation suivante :

Proclamation aux Icariens.

« Travailleurs mes Frères,

» Nous avons toujours dit que nous étions, avant tout, Français, Patriotes démocrates, aussi intrépides qu'humains et modérés, vous venez de le prouver. L'horrible trahison qui a fait couler le sang des citoyens mercredi soir 23 février, devant l'hôtel du ministère des affaires étrangères, a dû vous faire prendre les armes pour la commune défense; et, dans l'immortelle journée du 24, vous avez partagé l'héroïque dévoûment de la brave et généreuse population de Paris.

» Aujourd'hui, c'est l'*Union* seule, l'*Ordre* et la *Discipline*, qui peuvent assurer au Peuple le fruit de sa victoire, en garantissant ses droits et ses intérêts.

» Rallions-nous donc autour du Gouvernement provisoire présidé par Dupont (de l'Eure), remplaçant l'odieux Gouvernement qui vient de se rougir du sang des citoyens.

» *Appuyons ce Gouvernement provisoire* qui se déclare *Républicain* et *Démocratique*; qui proclame la souveraineté nationale et l'unité de la nation; qui adopte la *Fraternité*, l'Égalité et la Liberté pour principes, et le *Peuple* pour devise et mot d'ordre; et qui dissout les Chambres pour convoquer l'*Assemblée nationale* qui donnera à la France la *Constitution* qu'elle demande.

» Mais sachons nous-mêmes réclamer constamment *toutes les conséquences* de ces principes.

» Demandons que tous les Français soient déclarés FRÈRES, égaux en devoirs et en droits sans aucune espèce de privilége, tous membres de la Garde nationale, tous électeurs et éligibles à toutes les fonctions publiques sans aucune vile condition d'argent......, etc., etc.

» Fidèles à nos principes de fraternité, d'humanité et de modération, de justice et de raison, crions toujours et partout : *Point de vengeance!* Point de désordre, point de violences, point d'oppression pour personne! mais fermeté, clairvoyance et prudence, afin d'obtenir justice pour tous!

» *Point d'atteinte à la propriété!* mais inébranlable persévérance à demander tous les moyens que peut accepter la justice pour supprimer la MISÈRE, notamment en adoptant un système démocratique d'inégalité successivement décroissante, et d'égalité successivement croissante.

» Gardons-nous de demander l'*application immédiate de nos doctrines communistes*. Nous avons toujours dit que nous ne voulions leur triomphe que par la discussion, par la conviction, par la puissance de l'opinion publique, par le consentement individuel et par la volonté nationale. Restons fidèles à nos paroles.

» Mais beaucoup d'entre nous ont conquis de leur sang le droit d'association, de réunion et de discussion publiques; ayons donc aussi l'inébranlable constance de réclamer ces droits; et l'expérience, jointe à la discussion, suffira pour persuader et pour convaincre que notre système d'organisation sociale et politique est le seul remède à la misère, le seul qui puisse assurer le bonheur et le salut de l'Humanité.... »   CABET.

Voilà ma proclamation : n'est-elle pas aussi remplie de modération et d'humanité que de justice et d'énergie, aussi remplie d'énergie que d'humanité? Et l'on osera dire que celui qui l'a conçue et rédigée n'était qu'un vil escroc!....

Les Écoles Socialistes s'empressent d'y applaudir; les Icariens y applaudissent dans toute la France, en la faisant réimprimer dans beaucoup de villes; l'Avant-Garde elle-même y applaudit quand elle la reçoit dans le Texas, car sa lettre collective du 13 mai (publiée par le *Populaire* du 11 juillet), contiendra cette phrase : « Nous avons reçu » votre proclamation imprimée du 25 février, et sa lecture publique » nous a remplis de *joie* et d'*enthousiasme*. »

4

Les journaux ennemis ou adversaires, applaudirent eux-mêmes, notamment la *Patrie* et le *Courrier Français* qui, le 28 février, disaient :

« M. *Cabet* vient de publier une proclamation qui....., etc. L'homme qui, sous les contraintes de l'ancien gouvernement, est parvenu *à former et à discipliner tout un Parti* ne devait pas rester au-dessous des circonstances modernes ; il devait au contraire y paraître dans *dans tout l'éclat de ses sentimens proscrits.* Le voici, ce *Communiste Icarien* dont la *monarchie s'efforçait de nous faire tant peur* ; il a *conquis la liberté* de la parole et du mouvement pour lui-même et pour tous. Eh bien ! le premier usage qu'il fait de sa liberté, c'est un *appel au patriotisme de tous ses adeptes.....* »

En parlant plus tard (le 13 février 1850) de cette proclamation, la *Presse* dira :

« Le Peuple, qui avait été déçu de ses espérances de 1830 ; le Peuple, qui avait été mitraillé en juin 1832 et en avril 1834, pouvait s'en souvenir : il pouvait exercer de sanglantes représailles ! Il pouvait stipuler de dures garanties ! Il pouvait, enfin, abuser de sa victoire !

» Nous nous souvenons de l'IMMENSE EFFET que produisit, le 25 février, une affiche placardée sur tous les murs de Paris, et qui invitait le Peuple au calme et à la patience. Cette proclamation était signé CABET.

» *Jamais* peut-être SERVICE PLUS GRAND ne fut rendu à la *Société.*

» Émile de GIRARDIN. »

La haine politique aura beau me méconnaître, me calomnier, m'outrager, me persécuter, elle ne pourra jamais empêcher que, en suivant l'inspiration de mes doctrines Icariennes, je n'aie rendu à la Société, dans cette circonstance, un des plus grands *services* qu'elle a jamais reçus !.....

Et je lui en ai rendu bien d'autres, des services !

§ XXXIII. — Services rendus.

Je ne les rappellerais pas ici si la calomnie et la persécution ne s'acharnaient pas tant contre moi, si je n'avais pas à me défendre contre l'exécrable accusation d'escroquerie.

Déjà, en 1841, dans sa *Revue du Progrès*, au sujet de mes nombreux écrits contre les *bastilles* (qui m'ont valu la haine et la vengeance du *National*, une proposition de duel et deux procès), *Louis Blanc* disait :

« Nous devons à M. Cabet, au nom de la majorité du Parti démocratique, de *solennels remerciemens* pour le zèle, le courage, l'*inébranlable constance* qu'il a mis à repousser les bastilles. »

Le 13 septembre 1846, la *Démocratie pacifique* disait :

« M. Cabet a rendu à la cause démocratique le SERVICE ÉMINENT de la détourner des *émeutes,* des *conspirations,* de toutes les *voies subversives,* et de l'engager dans le travail non moins difficile et bien autrement fécond de la *propagande pacifique*,... sans s'inquiéter de sa POPULARITÉ compromise. »

Dans un autre numéro, elle reconnaissait encore :

« Que M. Cabet avait rendu un *grand service au Peuple* en le » *réconciliant avec les arts* et avec l'abondance... »

Dans le *Populaire* du 28 août 1846, je disais :

« Nous ne reconnaissons à personne le droit de se dire, non seulement plus actif et plus dévoué, mais plus ferme, plus énergique, plus résolu et *plus révolutionnaire* que nous, si la révolution était commandée par la volonté nationale ; mais personne n'est plus énergique aussi et plus résolu pour préférer la paix à la guerre et la réforme à la révolution, pour consulter la prudence et la raison, pour ne s'occuper que de propagande, d'instruction et de moralisation ; pour combattre l'impatience et l'imprudence qui peuvent tout compromettre et tout perdre. Plus que jamais nous sommes résolu à chercher dans les principes du vrai Christianisme notre guide et notre bouclier ; plus que jamais nous conjurons nos amis de s'exercer à s'armer du courage de la patience, du courage civil, du courage de la fraternité, sans alliage d'aucun sentiment de vengeance. — Tels ont toujours été et tels sont nos principes. »

La *Démocratie Pacifique* du 13 septembre 1846 faisait, sur cet article, les réflexions suivantes :

« Dans l'homme qui proclame de tels principes, *sans s'inquiéter de sa* POPULARITÉ *compromise*, dans des disciples qui comprennent ainsi l'alliance de la Démocratie et de l'Ordre, nous saluerons toujours des alliés. »

La *Revue de Genève* attaquant le Socialisme, la *Tribune populaire* de la même ville lui répond le 13 juillet 1848 :

» Que la *Revue* prenne le Socialisme pour *bouc émissaire*, voilà ce qui lui est défendu par les faits les mieux constatés, les plus généralement connus. Ainsi les deux plus importantes écoles sociales, celles qui, depuis dix ans, ont déployé le plus d'activité, sont certainement l'école de *Cabet* et celle de *Fourier* ; or, s'il est des faits en dehors de toute contestation possible, c'est premièrement que M. *Cabet a plus fait pour pacifier le Parti révolutionnaire depuis dix-huit ans que toutes les machines* PRÉVENTIVES *et* RÉPRESSIVES *de la monarchie*, à tel point qu'il y a *perdu sa popularité politique*. Nous sommes d'autant mieux placé pour lui *rendre justice* à cet égard que *nous ne préconisons pas sa théorie*. »

Lettre d'un Prêtre.

Nous avons déjà vu la lettre d'un *Prêtre* de Paris (page 12), voici la lettre d'un autre *Prêtre*, dans laquelle se trouve le passage suivant:

« Laissez-moi vous dire combien je vous suis reconnaissant, comme chrétien et comme prêtre, du zèle que vous avez déployé, du courage que vous avez montré dans votre glorieux *Apostolat* au milieu des Ouvriers. Vous leur avez fait connaître l'admirable doctrine de l'Évangile qu'ils n'avaient pu apprécier que par les plaisanteries peu spirituelles de l'ancien *Constitutionnel*. Je ne crains pas de soutenir que la sublime *modération* que le Peuple a montrée pendant les journées de Février, que le respect qu'il a témoigné pour le clergé et la religion, *sont dus, en grande partie, à vos constans et généreux efforts*..... »

Et c'est un Prêtre, que nous ne connaissons pas, qui nous rend ainsi justice!

N'est-il pas immense le service que, selon lui, nous avons rendu au Peuple et à la Société?

Ce service ne devrait-il pas nous concilier au moins l'estime, pour ne pas dire la reconnaissance publique?

Et l'on nous accable d'outrages et de calomnies en nous menaçant de persécution et peut-être de proscription!

Eh bien! rien ne nous fera rétrograder dans notre voie de dévoûment; mais nous prenons acte de ces faits pour les prévenir désormais s'il est possible; et nous le déclarons hautement, ces calomnies, ces persécutions, sont une iniquité et une honte pour l'époque actuelle.

§ XXXIV. — **Modération et désintéressement des Icariens.**

A ma voix et à mon exemple, et par suite de nos principes, les Icariens se montrèrent partout remplis de modération et de désintéressement et rendirent de grands services, notamment à Tours, à Lyon, à Reims : tout le Parti républicain vantait leur conduite généreuse. Loin de contenir aucun reproche contre eux, la grande enquête politique et judiciaire, faite après les journées de juin, contint souvent leur éloge; et comme le reste du Peuple, ils méritaient cet hommage rendu, dès le 25 février, par un des organes de la Monarchie, l'*Union* :

« Tant de modération dans les vingt-quatre heures qui suivirent un triomphe complet dispense de tout éloge : *La Population de Paris a* BIEN MÉRITÉ *de la France et de l'Humanité.* »

Loin de chercher à imposer nos doctrines, nous ne nous présentâmes partout que comme *Démocrates* et *Républicains.*

Et quand j'organisai avec eux une vaste Société, nous ne l'appelâmes pas *Communiste* et pas même *Icarienne*, mais seulement *fraternelle*, en appelant dans notre club de simples démocrates et beaucoup de *femmes.*

§ XXXV. — Je n'ai pas abandonné l'Avant-Garde.

Peut-être aurions-nous mieux fait, aussitôt après la Révolution, de rappeler l'Avant-Garde et de suspendre l'Émigration jusqu'à ce que la Révolution et la République démocratique fussent bien organisées et bien consolidées, en nous occupant tous uniquement de travailler à leur consolidation dans l'intérêt de la France et d'Icarie ; et je suis aujourd'hui convaincu que, si nous avions pris cette décision, et si j'étais entré au Pouvoir, nous aurions en effet peut-être tout sauvé, ce qui nous aurait donné le moyen de reprendre ensuite l'Émigration Icarienne avec cent fois plus de facilités et cent fois plus de chances de succès.

Mais, ne pouvant croire à la grossière incapacité et aux monstrueuses trahisons qui perdirent peu à peu la République et compromirent Icarie en persécutant les Icariens, pensant que notre expérience sur la Communauté serait toujours utile, nous fûmes unanimes pour la continuer, en conciliant tous nos devoirs envers la France avec tous nos devoirs envers l'Avant-garde, en nous occupant tout à la fois de politique et d'Icarie: ce fut dans ce double but que nous fondâmes notre grande *Société fraternelle* et notre *Club fraternel*, qui fut bientôt le plus nombreux de tous ceux qui furent organisés, et dans lequel, tout en appuyant sincèrement le Gouvernement provisoire, je l'avertis, dès le 29 février, qu'il prenait une fausse route qui devait nous conduire tous à l'abime.

Cette situation ne faisait qu'augmenter ma sollicitude pour l'Avant-garde ; j'étais dévoré de soucis, qui souvent m'empêchaient de dormir ; j'aurais voulu lui écrire par tous les courriers, lui envoyer immédiatement de nouvelles sommes et d'autres Avant-gardes comme c'était mon projet dès le commencement : — mais la Révolution m'avait subitement apporté, comme on va le voir, mille entraves imprévues, qui me paralysèrent ; et quand on m'accusera d'avoir *abandonné* la première Avant-garde pour mieux consommer une escroquerie, ce sera la plus révoltante fausseté, et la plus noire infamie !

§ XXXVI. — **Entraves apportées par la Révolution.**

La Révolution avait tout changé, tout bouleversé, tout révolutionné : les chemins de fer autour de Paris étaient brûlés ou détruits ; les transports et les communications entre la France et l'Amérique étaient interrompus ou retardés ; les Icariens étrangers retournaient dans leurs pays pour les servir ; les Icariens français ne voulaient plus s'expatrier si loin au-delà des mers, satisfaits d'ailleurs de la République démocratique, qui pouvait amener en France successivement toutes les améliorations et tous les progrès ; au lieu de faire de nouveaux apports, on retirait les apports déjà réalisés ; puis, ceux qui désiraient partir ne pouvaient plus rien gagner, ni vendre, ni réaliser ; beaucoup au contraire, privés de travail, étaient forcés de manger leurs économies.

D'autres furent arrêtés, emprisonnés, transportés, forcés de se cacher ou de fuir, ruinés, etc., etc. ; puis vint la persécution en masse et les cris *à bas les Communistes* ! Puis la proscription contre moi, les cris de *mort à Cabet,* les mandats d'arrêt, les menaces d'assassinat, la triste nécessité de me cacher pendant 4 à 5 mois, les visites domiciliaires, les saisies, un procès, la plus inique condamnation à un mois de prison, etc, etc. !

Et quand tout le monde *m'abandonne* forcément, c'est moi qu'on accusera d'abandonner l'Avant-garde, pour laquelle j'étais, pour elle plus que pour moi, dévoré d'inquiétude et d'anxiété !

Mais moi je le dis bien haut, ce sont la Révolution et les persécutions qui ont compromis Icarie !

§ XXXVII. — **Anciens ennemis au Pouvoir.**

Presque tous les membres du Gouvernement provisoire, surtout Dupont (de l'Eure), Louis Blanc, Marie, Crémieux, de Lamartine, Arago, Garnier-Pagès, étaient personnellement et particulièrement mes amis ; et si j'avais voulu les caresser et les solliciter, j'aurais pu me faire admettre par eux et parmi eux ; et c'est un reproche qu'on peut leur adresser de n'avoir appelé ni Pierre Leroux ni moi, car nous pouvions leur donner beaucoup de force, moi notamment que le tribunal de St-Quentin venait de déclarer *le chef reconnu du Parti Communiste,* (p. 44) moi qui venais de rendre un immense service par ma proclamation du 25 (p. 50), et que le *Courrier français* et la *Patrie* signalaient comme étant *parvenu à former et à discipliner tout un Parti.*

Quoi qu'il en soit à cet égard, si je leur avais demandé une grande place quelconque qui m'aurait donné de gros appointemens, personne ne peut douter que chacun d'eux me l'aurait accordée avec autant de plaisir que d'empressement.

Mais le *National* avec *Buchez* et le journal *l'Atelier*, et *la Réforme* avec le journal *la Fraternité* et les Communistes révolutionnaires, étaient depuis longtemps les ennemis systématiques du Communisme Icarien et de son chef, tandis que *Marrast, Bastide*, etc., m'avaient déclaré la guerre et proposé un duel (p. 50) au sujet des bastilles que j'avais combattues contre eux.

Devant la Cour d'Angers, *Ledru-Rollin* avait osé dire publiquement :

« Je le proclame bien haut, j'aime la propriété, qui est le fondement de toute moralité ; je ne suis pas Communiste ; JE HAIS LES COMMUNISTES, je les HAIS PLUS que vous-mêmes ne les haïssez, car on nous jette trop souvent à la face leurs absurdes opinions. »

A Perpignan, *Arago* avait osé menacer les Communistes ; car le *National* disait de lui :

« Il a recommandé aux ouvriers de ne se laisser jamais entraîner à des opinions ANTI-SOCIALES, à des idées de COMMUNISME attaquant les principes de la FAMILLE et de la PROPRIÉTÉ, et il a ajouté qu'il se trouverait dans les rangs de leurs PLUS ARDENS ADVERSAIRES le jour où ils entreraient dans une voie aussi DANGEREUSE, aussi DÉPLORABLE. »

Et *Flocon* n'était pas moins hostile aux Communistes et à moi que Ledru-Rollin, Arago, Bastide, Marrast et Buchez, qu'on affirmait être un allié des Jésuites.

Ainsi, au lieu de Louis-Philippe, c'était des ennemis violents, hardis, armés de la dictature, en face desquels nous allions nous trouver !

Et ces ennemis, ce Gouvernement provisoire dictatorial prétendu républicain, entraînant et trompant la partie du Peuple des campagnes et des villes qui ne connaissait pas encore nos doctrines, se ligua bientôt avec les jésuites et les autres contre-révolutionnaires pour tuer, par la calomnie et la persécution, non seulement le Communisme en France, mais encore l'Emigration ou la Communauté icarienne en Amérique.

Assurément, c'est un grand malheur que cette hostilité du Gouvernement provisoire contre les Communistes, car avec eux il aurait sauvé la Révolution et la République, tandis que son hostilité contre eux s'étendra forcément aux Socialistes et aux vrais Républicains, et entraînera d'incalculables calamités pour la France, pour l'Europe et pour l'Humanité.

C'est même le plus inconcevable aveuglement et la plus incroyable folie, car il se perdra nécessairement lui-même en encourageant la Réaction ou la Contre-Révolution, et en perdant ou compromettant la République.

Mais il n'en est pas moins certain que c'est le Gouvernement provisoire qui va lui-même organiser la calomnie et la persécution contre les Communistes.

§ XXXVIII. — Calomnies et persécutions contre les Communistes en France.

Au 23 juin, pour entraîner la Garde mobile contre les insurgés, on lui cria que ceux-ci avaient scié plusieurs de ses soldats entre deux planches, ce qui n'était qu'une horrible ruse de guerre.

Dès les premiers jours de la Révolution, on répandit partout que les Communistes étaient des ennemis de la République, de la Patrie, de la Société, de la Religion, de la Famille et de la Propriété ; qu'ils étaient des fainéants qui voulaient vivre aux dépens des ouvriers laborieux, des pillards, des partageurs et des voleurs, qui voulaient prendre aux paysans ce qu'ils avaient acquis à la sueur de leurs fronts.

On les signalait comme des débauchés qui voulaient enlever aux maris leurs épouses pour établir la promiscuité des femmes.

On les signalait même comme des *barbares*, des brigands, des incendiaires, des assassins, échappés des prisons et des bagnes.

Et ces calomnies sortaient des ministères, de la police et de la mairie de Paris, surtout du ministère de M. Ledru-Rollin, qui dans ses bulletins repoussait les Communistes comme des *sectaires*. Elles se répandaient dans toutes les réunions électorales, dans tous les ateliers, dans les églises et dans toute la France, comme un *mot-d'ordre*. Elles étaient répandues par les grands fonctionnaires, par les proclamations officielles, par tout le Parti gouvernemental et réactionnaire, puis par une multitude de brochures composées exprès et publiées par un comité royaliste (de la *rue de Poitiers*), qui avait souscrit pour plus d'un million à cet effet.

Et tout cela pour exclure les Communistes de tous les emplois, des élections soit comme électeurs soit comme éligibles, soit pour la Garde nationale soit pour l'Assemblée nationale.

Puis, au 16 avril et pendant longtemps après, on criait *à bas les Communistes ! mort aux Communistes !* On les insultait, on les emprisonnait, on les chassait des ateliers, on les privait de travail, on les ruinait, on les réduisait à la misère et au désespoir !....

C'était absolument comme l'ancienne persécution générale et comme les anciennes calomnies des Païens contre les premiers Chrétiens.

§ XXXIX. — Calomnies et persécutions contre moi.

Au 16 avril, les journaux réactionnaires affirment que j'étais au Champ-de-Mars, sur un cheval blanc, à la tête de 200,000 communistes, insurgés pour renverser le Gouvernement provisoire, et le fait est répandu partout dans Paris, ce qui excite la Garde nationale à crier avec fureur : *mort à Cabet* ! — Cependant c'est un mensonge ! je n'étais pas même au Champ-de-Mars ! Je ne savais même rien de ce qui se passait !

Le préfet de Police, *Caussidière* (ancien ennemi notoire du Communisme), qui ne peut rien ignorer, n'en lance pas moins un mandat d'arrêt contre moi ; et quand Pierre Leroux et Barbès vont lui demander pourquoi il agit ainsi, il répond froidement : parce qu'il *nous gène* !

Et pour mieux se débarrasser de moi, des zélés proposent de m'assassiner (fait que je n'apprendrai que trois ans plus tard, à mon retour d'Amérique). Et c'est probablement comme préparatif de cet assassinat qu'on promène dans les rues, jusque sous mes fenêtres, un cercueil vide prêt à recevoir un cadavre, et sur lequel est écrit *Cabet*.

Au 15 mai, on affirme que j'étais à la tête du Peuple qui avait envahi la Représentation nationale et expulsé les Représentants. — C'est une fausseté ; car je n'étais pas à la manifestation ! je ne savais même rien ! mais M. *Etienne Arago*, directeur des postes et ami du préfet de Police Caussidière, n'en vient pas moins chez moi avec une troupe de gardes nationaux pour m'arrêter sans mandat.

Au 23 juin, on affirme que j'étais au faubourg St-Antoine à la tête de l'insurrection ; que c'est moi qui ai fait élever les premières barricades et qui ai fait tuer beaucoup de citoyens, et peut-être l'Archevêque. — Et tout est absolument faux ! je ne savais même rien ! ce qui n'a pas empêché de lancer contre moi des mandats qui m'ont forcé de me cacher ou de fuir, tout en protestant publiquement chaque fois contre la calomnie et la persécution.

Il est vrai que la grande enquête politique ordonnée par l'Assemblée nationale, après la sanglante insurrection de juin, n'a rien présenté que mon égard que mon éloge par MM. Marie, de Lamartine, Carlier, etc.

Mais par l'imprudence de quelques Icariens, par la négligence d'un de mes employés peut-être, par suite d'un mot échappé à mon avocat, et certainement par suite de l'odieuse visite domiciliaire faite chez moi par M. Etienne Arago, j'ai été condamné à un mois de prison, le 29 novembre, au moment où de mauvaises nouvelles reçues de la première Avant-garde me déterminaient à partir pour voler à son secours.

§ XL. — Calomnies contre la première Avant-Garde.

Il semble que les ennemis du Communisme devraient être bien aises de voir les Communistes partir pour l'Amérique. Eh bien, non ! ils voudraient les empêcher de s'expatrier ; ou plutôt ils voudraient, à la fois les empêcher de rester et les empêcher de partir ; car ils sentent bien la portée de l'émigration Icarienne ; ils sentent bien, les Jésuites surtout, que le succès de la Communauté d'Icarie sera l'exemple le plus contagieux et le plus redoutable pour propager et établir partout la Communauté fraternelle sur les ruines de la domination, sacerdotale et autre, et de tous les priviléges.

Aussi, la Réaction fera-t-elle tous ses efforts pour faire croire que les émigrans Icariens sont malheureux afin de dégoûter de l'émigration. Elle feindra de n'agir que par humanité, dans l'intérêt des Icariens et par amour pour eux ; mais elle n'agira certainement que par haine contre Icarie, elle qui ne s'occupe qu'à calomnier et persécuter les Icariens en France.

Dès le mois d'août, un journal américain, le *New-York Herald*, publie l'article suivant :

« Il est fort curieux de suivre pas à pas les *utopies* de M. Cabet, ce *rêveur parisien* qui, lui, bat en *agitateur* impuni le pavé de Paris, tandis qu'il *envoie des confians et honnêtes* ouvriers en *pâture aux Comanches* (sauvages) du San-Saba. On se rappelle qu'il y a quelques mois, soixante-dix de ces *malheureux* ont *débarqué ici*, et fait immédiatement route pour leur colonie *perdue au fond* du Texas ; *trois* d'entre eux ont déjà été *assassinés* dans le voyage. Nous tenons cette triste nouvelle d'une source *authentique*.

» Un nouveau détachement de Français vient *d'arriver à New-York* : ces *malheureux* vont rejoindre leurs frères dans l'Eldorado que leur a promis M. Cabet ; c'est-à-dire qu'ils courent à une *mort à peu près certaine*, au milieu des déserts fréquentés par *d'horribles sauvages* et de *dangereux animaux*. Qu'on se le dise en France, et que *les journaux de Paris éclairent la population* à ce sujet ! C'est un cas *d'humanité* ! »

Et il n'y a pas un mot de vrai dans ce récit prétendu *authentique*, pas même le débarquement de l'Avant-Garde à *New-York*, car c'est à la Nouvelle-Orléans qu'elle a débarqué !!!

Et le mensonge a été imaginé à Paris, envoyé de Paris à New-York pour être renvoyé de New-York à Paris afin de mieux tromper les journaux et la France, car l'article est publié *en français* dans le journal américain, au milieu d'articles américains !...

Et le journal du Havre insère l'article, le 18 août, avant qu'il ait pu recevoir le journal de New-York !

Et beaucoup de journaux parisiens et départementaux répètent le mensonge! A Rouen on le publie en caricature !

Et *le Siècle* du 8 septembre ajoute :

« Une correspondance particulière de la Nouvelle-Orléans nous apprend que DEUX CENTS personnes qui s'étaient rendues en Amérique pour y mettre en pratique le système de M. Cabet, se sont installées sur les bords de la *Rivière-Rouge*; mais la *division* n'a pas tardé à éclater parmi eux ; ils SE SONT BATTUS ET DÉTRUITS presque complètement. »

Et il n'y a pas encore un mot de vrai, car jusque-là il n'y avait que soixante-dix émigrans, et toutes les nouvelles d'Icarie étaient excellentes !

Et tous les journaux répètent ces mensonges avec mille autres calomnies!

Nous verrons tout à l'heure les différens départs.

Voyons maintenant ce qui arrive à la première Avant-Garde, ses premiers succès et ensuite ses revers.

§ XLI. — Ce que fait la première Commission.

Sully, parti le 2 décembre 1847, pour faire une première exploration, arrive à la Nouvelle-Orléans le 3 février, en part avec un Français qui connaît le Texas et arrive à Shreveport.

Je l'avais chargé de monter la Rivière-Rouge beaucoup plus haut, jusqu'à Fulton et même jusqu'au *Cross-Timber* et de choisir là un terrain qui pourrait servir de première station ; mais apprenant que la Rivière-Rouge n'est pas parfaitement navigable actuellement au-dessus de Shreveport (quoiqu'elle le sera bientôt), il achète conditionnellement une ferme à Sulphur-Prairie (p. 44), à vingt-cinq ou trente lieues dans les terres à l'Ouest.

Cette ferme, de 2 à 3,000 acres, n'est pas située sur la Rivière-Rouge près de Cross-Timber, comme je l'avais demandé à Sully; mais elle peut être convenable, comme on va le voir par une lettre d'un membre de la première Avant-Garde, le jardinier Champeau.

Lettre du jardinier Champeau.

« Sulphur-Prairie, au Texas, 16 mai 1848,

» Ma chère femme,

» Je t'écris pour te dire que nous sommes arrivés en Icarie en bonne santé, non pas sans mal, vu que nous n'avons pu monter la Rivière-Rouge, qui n'est pas navigable assez loin. Nous avons été obligés de nous y rendre par terre et de bivouaquer dans les bois pendant la nuit. Le voyage, nous l'avons fait toujours en *chantant* notre chant de départ et notre hymne Icarien. Nous avons été très bien accueillis par les Américains sur notre passage.

» Quatre de nos frères seulement, qui croyaient trouver Icarie tout organisée, ont, manqué de *courage*, ont demandé à retourner en France, et n'ont pas craint de *trahir leur serment*. Mais s'il y a des *faibles*, il y a des frères qui sauront remplir leur tâche avec courage.

» Nous sommes en train de former l'*avant-poste* d'Icarie dans une propriété à peu près de quatre mille arpens, en forêts et en prairies : dans cette propriété il y a un *lac* et une *rivière* que nous pouvons rendre. *navigable jusqu'à Shreveport*, où nous avons débarqué sur la Rivière-Rouge, ce qui nous donnera une grande facilité pour l'arrivée de nos frères, qui pourront venir par eau directement à notre village.

» *La forêt est superbe* et renferme toutes sortes de bois de travail. La végétation est si puissante que dans quatre jours la graine de poireaux lève et sort de terre ; presque aussitôt que la graine est dans la terre, elle germe. Nous nous hâtons de semer les légumes pour la nouvelle avant-garde.

» Il y a, dans la forêt, des *ceps de vigne* qui sont plus gros que la jambe et qui grimpent autour des chênes à cinquante ou soixante pieds de hauteur, avec des grappes d'une grosseur énorme. Nous ne savons pas encore si le raisin est de bonne qualité : il est défleuri ; mais je crois qu'il en coulera beaucoup, vu qu'il y en a trop et que la vigne n'est pas taillée.

» Nos prairies et nos forêts sont remplies de *sensitive* qui est en fleur. Ces plantes sont superbes et répandent une odeur qui surpasse de beaucoup celle de la rose.

» *Berthet* est jardinier avec moi, et il se porte comme un charme : il est aussi robuste que s'il avait travaillé toute sa vie à la terre. Nous nous promettons ensemble de vous faire de beaux petits jardins de fleurs pour quand vous *viendrez*.

» Les Icariennes pourront boire du *bon lait* en Icarie ; les vaches, les chevaux, les cochons et les poules, ne coûtent rien à nourrir, pas même la peine de les garder : ils sont jour et nuit dehors et n'ont pas d'écurie.

» Les habitans vivent presque sans travail ; c'est à peine s'ils sèment leur maïs et s'ils se font une cabane pour se loger.

» Beaucoup d'Américains et de Texiens viennent nous voir ; ils sont très doux et très honnêtes.

» On campe, on couche dehors ; on ne ferme rien, et jamais on ne dérobe rien. Nous avons perdu des sacs garnis et un fusil ; on nous l'a fait savoir de très loin, et le fusil on nous l'a rapporté de sept à huit lieues.

» Bien le bonjour à notre père Cabet : nous désirons bien le voir parmi nous ; nous savons que les *événemens de France pourraient bien le retarder*, mais nous travaillons toujours avec courage à remplir la *mission* dont il nous a chargés. Nous avons une *excellente terre et le pays est très sain*.... » CHAMPEAU. »

Quand Sully m'annonce l'acquisition de cette ferme sous la condition de ma ratification avant la fin de septembre, je l'approuve sous la condition qu'elle sera approuvée et ratifiée par l'Avant-Garde : mais quand il s'agira de cette confirmation définitive, l'Avant-Garde demandera la communication de l'acte d'acquisition ; Sully refusera, dit-on, la communication ; l'Avant-Garde refusera la confirmation et laissera Sully seul à Sulphur-Prairie, pour aller plus loin, en Icarie, sur les terres concédées par Peters.

Si la première Avant-Garde s'arrêtait et s'établissait sur cette grande ferme, elle sauverait peut-être tout ; car ce serait une *première station* où elle se reposerait, commencerait à s'acclimater et s'approvisionnerait, et d'où elle établirait ensuite d'autres *stations successives* pour bien explorer les lieux et pour se rendre en Icarie, sur les terres concédées par Peters, sans fatigues et sans dangers.

§ XLII. — Marche et succès de l'Avant-Garde.

Quand la première Avant-Garde arrive à Shreveport, le 2 avril, elle apprend à son tour que la Rivière-Rouge n'est pas parfaitement navigable, que Sully l'attend à Sulphur-prairie, et qu'il faut d'abord s'y rendre à pied et avec des wagons, soit pour y rester plus ou moins longtemps, soit pour se rendre de là en Icarie à pied et avec des wagons.

Si, par ce fait que la rivière ne se trouvait pas navigable au-delà de Shreveport, la première Avant-Garde refusait d'aller plus loin, on pourrait examiner si elle aurait tort ou raison dans son refus ; mais, comme première Avant-Garde, sa mission est d'explorer, de prendre un parti suivant les circonstances, et elle décide : 1° qu'elle achètera à Shreveport un *terrain* pour y construire un *hangard ou magasin* à l'effet d'y *recevoir* pendant quelques jours les Icariens qui arriveront et leurs bagages ; 2° qu'elle se rendra par terre à Sulphur-prairie ; 3° que là, elle verra si elle veut s'arrêter ou aller plus loin. En conséquence, elle cherche, achète, construit à Shreveport, y laisse deux gardiens, et se met en route pour Sulphur-prairie, où elle arrive par plusieurs détachemens partis successivement en chantant.

Si la première Avant-Garde s'arrêtait à Sulphur-Prairie, je le répète, tout serait sauvé : l'Avant-Garde se divise : quelques-uns, quinze à vingt, veulent rester et restent avec Sully, tandis que le délégué *Gouhenant* et la grande majorité, entraînés par leur ardeur, leur enthousiasme et le désir d'arriver en Icarie et d'acquérir *gratuitement* de vastes terres en vertu du traité Peeters dont ils ont une copie, s'élancent à travers les bois et les prairies, bravant les fatigues et les dangers.

Après beaucoup de fatigues, de difficultés, de petites aventures, qui ne sont rien en Amérique, comparées à celles des expéditions pour la Californie et de mille autres expéditions, la plus grande partie de l'Avant-Garde arrive en Icarie (1), émerveillée de la fertilité du sol, de la beauté des sites, de l'éclat des fleurs dont les prairies sont émaillées, de la beauté de ces prairies, de la pureté de l'air et de la salubrité du climat.

Ses lettres en France sont remplies d'enthousiasme.

L'agent de la compagnie Peeters, à qui le délégué communique la copie du traité, déterminé par ce traité et par la considération soit de la grande Association Icarienne, soit de son chef M. Cabet délivre toutes les demi-sections demandées et ouvre tout crédit dont on a besoin pour les provisions de toute nature.

L'Avant-Garde presse ses frères restés à Sulphur-Prairie de venir la rejoindre pour obtenir de nouvelles demi-sections ; et avant le 1er juillet, soixante-quatre qui se trouvent réunis obtiennent trente-deux demi-sections.

Aussi, voyez les lettres qu'ils nous écrivent en France. Dans une lettre du 23 avril, insérée dans le *Populaire* du 4 juin, *Moity* disait à un ami :

« Nous avons eu beaucoup de mal et d'obstacles à surmonter : mais ceux qui liront notre vie verront *quels hommes* composaient la première Avant-Garde Icarienne.

» Nous avons toujours été *unis* et le serons toujours, et nous avons surmonté tous les obstacles pour arriver en Icarie. Ainsi, vous *pouvez venir* en toute sûreté.

Les 26 premiers Icariens partis en avant m'écrivent, d'Icarie, le 13 mai, une lettre collective signée par tous, dans laquelle ils me disent (*Populaire* du 11 juillet) :

« Icarie, le 13 mai 1848.

» Chère père,

» Nous venons de recevoir votre lettre en date du 22 mars. Nous avons reçu en même temps votre proclamation imprimée du 25 février, et la lecture publique qui en a été faite nous a tous remplis de joie et d'enthousiasme.

» Il serait trop long de vous faire connaître les difficultés et les fatigues que nous avons eu à supporter dans notre voyage depuis Shreveport jusqu'en Icarie. *Notre ignorance des localités* nous a occasionné une perte de temps et des frais que nous saurions aujourd'hui éviter. Nous devons nous contenter

---

(1) Cross-Timber, Fannin-County.

à présent de vous dire que nous avons trouvé des terres *de plus en plus fertiles* à mesure que nous avons avancé vers le sud-ouest ; que, depuis *Bonham* jusqu'aux sources de la *Trinité*, c'est un pays d'une grande beauté et d'une richesse prodigieuse qui réunit tous les avantages pour notre colonie ; que nous avons choisi le lieu de notre établissement entre les creeks (torrens) *Denton* et *Olliver*, près du point de leur jonction, dans un *site admirable sous tous les rapports.* Nous y trouverons de *beaux bois, d'excellentes eaux* et des terres *extrêmement fertiles.* Le creek Ollivier nous permettra facilement d'établir un *moulin* et une *scierie.* Nous sommes sûr les bords de la grande prairie, et nous pourrons nous *étendre indéfiniment* au *sud* et à l'*ouest,* sans être gênés par des propriétés privées.

Le même jour 13 mai, les vingt-six arrivés en Icarie écrivent à ceux qui sont restés à Sulphur-Prairie, la lettre suivante (même numéro du *Populaire*) pour les engager à les rejoindre :

« Frères bien-aimés,

» Vous avez éprouvé quelques difficultés comme nous ; mais nous avons eu nous devant les yeux la *grandeur de notre cause* pour nous les faire supporter avec courage et dévoûment.

» Nous avons lu aussi avec bonheur les nouvelles de Paris et de notre *cher père Cabet.* Notre joie a été grande quand nous avons vu l'extension que prennent nos principes en France et la force incalculable que nous donnons aux propagateurs de nos saintes doctrines.

» Courage, frères, l'avenir est à nous ! On ne doute pas à Paris de notre courage à remplir *notre mission.*

» Huit de nos frères, avec le délégué, ont visité les terres d'Icarie et mesuré déjà plusieurs sections que nous devons occuper. Terres, bois, sites, pierres à bâtir, eaux potables, chutes d'eau, bon air, nous aurons tout dans des conditions très favorables. Il n'y a *rien pour la beauté de vraiment comparable* dans toute la France. Nous allons bâtir et défricher de manière à occuper le plus de terrain possible avant le 1er juillet ; car tout l'avantage de *notre traité* (Peeters) consiste à remplir cette dernière condition.

» Tous les renseignemens que nous avons recueillis de diverses personnes, de l'agent du gouvernement *comme de l'agent de la Compagnie Peters,* nous confirment dans cette pensée. *Les agens Peters* sont on ne peut plus bienveillans à notre égard, et *demandent* déjà une place dans notre grande famille.

» Nous avons *discuté en Assemblée générale* nos moyens, nos ressources et la détermination que nous devions prendre dans notre position actuelle. Nous avons *cru avoir des ressources suffisantes pour aller commencer notre premier établissement sur les belles et riches terres d'Icarie,* et la détermination de marcher *tous en avant a été prise* à l'unanimité.

» Il nous importe beaucoup à tous que vous quittiez Sulphur-Prairie pour que nous concentrions tous nos bras, nos forces, sur le point choisi pour notre premier établissement ; car avant le premier juillet, *nous pourrons acquérir des terres, qui plus tard nous coûteraient fort cher.*

» Frères chéris, vous comprendrez nos désirs, vous partagerez nos vœux, nous marcherons tous avez accord vers le *but de notre mission.* Nous ne doutons pas de votre courage, de votre dévoûment ; les profonds sentimens de fraternité qui nous unissent en sont un sûr garant. Oui, frères, nous sommes des *hommes d'épreuve* pour supporter quelques fatigues, quelques privations pour la plus noble des causes, pour le *triomphe de la communauté. Ces peines, ces fatigues étaient inévitables,* puisqu'il nous fallait avancer à tâtons aux dépens de notre seule expérience. Mais quelles que soient nos fatigues, nous les supporterons en commun à l'avenir comme par le passé, nous ferons même de nouveaux sacrifices s'il le faut pour, ne pas faillir au mandat qui nous a été donné *dans l'intérêt de l'humanité entière.* »

Le Délégué m'écrivait le 20 mai, de Sulphur-Prairie, où il était venu chercher ceux qui y étaient restés, la lettre suivante (*Populaire* du 11 juillet):

« Oh! si vous voyiez Icarie!... C'est *un Eden!* Quand on vous offrirait de présider la République, venez plutôt en Icarie : vous serez plus heureux, plus riche et plus grand parmi nous.

» *Nous avons été très bien accueillis par les agens de la Compagnie Peeters et par le secrétaire d'Etat.* J'AI REQUIS IMMÉDIATEMENT LEUR ASSISTANCE POUR MESURER ET LIMITER LES SECTIONS QUE NOUS ALLONS OCCUPER. Nous possédons enfin Icarie. Nous sommes sauvés.

» La Révolution a ébranlé quelques-uns de nos frères, trois ou quatre seulement. J'espère les dissuader de retourner en France ; mais en masse tous sont dévoués, courageux. Il ne se passe pas de jour que les cris de vive Cabet, vive l'Icarie, ne se fassent entendre.

» Nous sommes au comble de nos vœux ; toutes les descriptions d'Icarie sont faibles, nos espérances sont dépassées.

» Demain, le reste de nos frères qui étaient près de Sully (à Becknell's ou à Sulphur-prairie) se joindront à moi pour nous rendre en Icarie, à 50 lieues plus loin, entre la Trinité et la Rivière-Rouge, dans l'Eden, *un vrai paradis terrestre.* Il n'y a ni serpens, ni sauvages, ni Indiens; tout cela sont des fables. Je viens de parcourir à cheval pendant quinze jours toutes les parties de nos possessions, je n'ai rien vu d'effrayant, je n'ai vu que du merveilleux.

» Si après avoir mis tout en action, tout en œuvre, j'ai le loisir, la possibilité d'aller jusqu'à la Nouvelle-Orléans recevoir nos frères de la deuxième Avant-Garde, je m'y rendrai; sinon j'irai à Shréveport. Toujours est-il, qu'ils trouveront des cabanes pour les abriter et de belles sections à posséder. C'est le cas de dire, il n'y aura qu'à se baisser et en prendre. Nous les attendons avec impatience. »

Le 2 juin, les quarante qui se trouvent réunis en Icarie m'écrivent une troisième lettre collective (*Populaire* du 13 août) dans laquelle ils me disent :

« Nous avons de beaux bois, le long des creeks, de bonnes eaux sur tous les points que nous avons parcourus, et de la pierre à bâtir en abondance. La fertilité de la terre est grande et peut nous permettre toutes sortes de cultures.

» Quant au *climat,* nous avons tout lieu de le croire *très sain,* d'autant plus que, malgré les souffrances que nous avons éprouvées en route, tous se portent bien, et plusieurs mieux qu'en France. »

Lettre de Rougier, avocat, à sa famille.

Le 15 juin, *Rougier* écrivait à sa famille (*Populaire* du 13 août) :

« Mes très chers parens,

» Maintenant que je connais bien le Texas, surtout les parties Ouest et Nord, où nous avons fondé le premier établissement d'Icarie, je puis vous parler un peu de ce pays.

» A Bonham d'une part et plus au Sud à une vingtaine de lieues en deçà de la Trinité, on trouve un pays tout nouveau et vraiment prodigieux de fertilité. La terre y devient calcaire et on y voit les ruisseaux les plus magnifiques couler sur la roche. On ne trouve plus guère de bois que le long des cours d'eau ; ce sont partout des prairies où les graminées, en se mêlant aux vesses aux sainfoins et aux luzernes, fournissent les plus riches paturages. On y voit des troupeaux de daims et de chevreuils. Les dindes à l'état sauvage y abondent aussi : nous en avons tué qui pesaient vingt-cinq à vingt-huit livres.

» Notre premier établissement est situé au point de jonction de deux superbes ruisseaux, dans une position admirable.

» Nous sommes au milieu du *Cross-Timber*, sur les bords de la grande prairie, qui a quatre-vingt lieues de long sur trente de large. On y trouve des plateaux qui permettent à la vue de s'étendre à plus de dix lieues, des positions les plus charmantes pour établir des villages. Les pentes des collines, dans tout le haut du Texas, présentent cela de remarquable qu'elles sont toutes molles et insensibles, et permettent l'assiette commode de villages sur les plus hauts plateaux et le tracé en lignes droites de routes et de chemins de fer.

. » Le sol, qui présente partout une couche végétale des plus riches et de plusieurs mètres d'épaisseur, ne contient ni pierres ni mauvaises racines et est extrêmement facile à défricher.

» Les conditions de végétation y sont si favorables que nous y avons fait germer de la graine de radis en deux jours et de la graine de persil en cinq. Des noyaux de cerises, de pêches, etc., semés au printemps, donnent des fruits l'année d'après. Tous les végétaux y viennent à merveille par boutures. Ces boutures peuvent se faire pendant tout l'été ; j'ai vu des figuiers et des abricotiers qui n'avaient été bouturés que depuis quelques mois et qui avaient poussé des tiges d'environ deux pieds de long. Nous pouvons cultiver avec succès l'olivier, le citronnier, l'oranger et tous les arbres fruitiers d'Europe, le lin et le chanvre, le houblon et le sézanne le long de nos rivières, le coton, la canne à sucre, tous les légumes.

» Les céréales, les plantes racines, l'indigotier et l'arbre à thé dont nous avons des espèces sauvages, le mûrier et la vigne croissent partout. Au milieu de nos vastes pâturages, nous pourrons entretenir sans aucun frais de grands troupeaux de vaches laitières, de porcs, de moutons et de chevaux, et la volaille que nous voudrons.

» Il n'y a pas plus de reptiles qu'en France. Dans nos longues excursions, nous n'avons encore vu que trois serpens à sonnettes, que nous avons tués. Il n'y a d'ailleurs aucun animal dangereux.

» Les chaleurs, à raison de la forte élévation du pays, ne sont pas plus chaudes que dans le midi de la France. Il y a cela de particulier qu'une brise qui souffle constamment du Nord rafraîchit l'air sans cesse et permet de travailler durant les plus fortes chaleurs ; en hiver, il n'y gèle presque jamais ; un Texien qui habite le pays depuis cinq ans n'a vu geler que deux fois, et la glace n'atteignit que l'épaisseur d'une ligne.

» Le climat paraît d'ailleurs si sain que, bien que nous ayons couché constamment en plein air durant nos voyages et essuyé de fortes pluies, pas un de nous n'a été malade, et qu'aujourd'hui plusieurs se portent mieux qu'en France.

» Nous pouvons nous étendre au Nord sans craindre les Indiens à travers les riches plaines de la Californie jusqu'à la mer Pacifique. C'était bien là le pays qu'il fallait pour fonder le champ pratique de la Communauté !

» Eug. ROUGIER. »

Et *Rougier*, secrétaire de l'Avant-Garde, était un jeune homme très instruit dans les sciences naturelles et surtout en *agronomie*.

Et pour compléter sur ce point, j'ajouterai que la latitude d'Icarie est la même que celle du pays de Cachemire, de Bagdad, de Madère, d'Alger, de l'île de Malte, de l'île de Crète, de l'île de Chypre, de l'ancienne Tyr, de la Syrie, et de ces pays fortunés où la tradition sacrée place le *berceau du monde*, le *paradis terrestre*.

§ XLIII. — Revers de l'Avant-Garde.

Mais plusieurs circonstances défavorables viennent bientôt compromettre l'Avant-Garde.

1° Son *ardeur excessive* si naturelle aux Français, son *zèle trop ardent* pour acquérir gratuitement la terre d'Icarie, l'ont exposée à des fatigues qu'elle pouvait éviter.

2° Son *imprudence*, par suite de son trop d'ardeur et de zèle, l'entraîne à un *travail excessif* pendant les chaleurs en juin, juillet et août. Cette chaleur, tempérée par une brise qui rafraîchit l'air, est très supportable et n'a pas de danger quand on prend la précaution de ne jamais travailler au soleil la tête nue au milieu du jour, surtout en juillet et août : mais elle donne la fièvre et le délire si l'on n'néglige cette précaution Et la première Avant-Garde le sait bien; car sa lettre collective du 20 août (*Populaire* du 3 décembre) contient ce passage :

« Les Américains nous ont dit en effet que, pendant les mois de *juillet* et d'*août* principalement, on devait, dans ce climat, *s'abstenir de tout travail*, et que c'était la plus importante condition à laquelle devaient se soumettre les émigrans pour amoindrir les maladies d'acclimatation. »

Mais beaucoup d'Icariens, séduits et trompés par leurs premiers succès, croyant qu'ils seront plus heureux que les autres émigrans, travaillent en juillet et en août, en plein soleil ; et quelques-uns, pris par une fièvre chaude, deviennent très malades et presque fous.

3° La *fièvre* américaine, fièvre aiguë ou intermittente, chaude et froide, ordinaire à tous les étrangers dans toute l'Amérique, dans le Nord comme dans le Sud, s'empare de presque toute l'Avant-Garde et ralentit ses travaux. Avec plus de précautions, elle pouvait n'arriver que plus tard et plus faible ; mais elle arrive vite et forte par la faute des travailleurs et des deux médecins.

4° J'avais donné à l'Avant-Garde tout ce qui était nécessaire pour prévenir ou guérir les maladies, une *pharmacie* complète, des *instrumens*, deux *médecins*, un français, *Leclerc*, qui, sur mon conseil, avait consacré plusieurs mois avant le départ à étudier les maladies des émigrations, et un espagnol, *Roveira ;* mais Leclerc a abandonné ses Frères à la Nouvelle-Orléans, en leur enlevant presque toute la *pharmacie*, ce qui les compromettait doublement, car la dernière lettre qui vient d'être citée s'exprime ainsi :

« Ce que nous avons à déplorer surtout, c'est que notre *pharmacie* est des plus incomplètes ; il nous manque plusieurs médicamens très utiles, surtout la pharmacie Raspail, qui, dans nos convictions, nous eût été d'un grand secours. »

C'est donc le médecin français qu'on peut accuser en grande partie des malheurs de l'Avant-Garde.

Quant au médecin espagnol, il ne sait rien prévenir par ses conseils et rien guérir quand le mal arrive ; son inertie, son incurie, son inhabilité, sont funestes à ses camarades ; il leur fait ou leur laisse prendre avec excès de la quinine, qui leur fait plus de mal peut-être que la fièvre, et qui les rend presque fous. Il est vrai qu'il a lui-même des accès de folie furieuse et qu'il se suicidera quelques mois plus tard à la Nouvelle-Orléans.

5° Si la *Révolution* et la *Persécution* ne m'avaient pas paralysé à Paris, plusieurs autres Avant-Gardes arriveraient en mars, en avril, en mai, etc., et apporteraient à la première des secours de toutes natures qui la ranimeraient et la soutiendraient ; mais la deuxième Avant-Garde ne pourra être composée que de 21 hommes, ne pourra partir que le 3 juin et ne pourra arriver en Icarie que le 29 août ; la Commission de cinq, que j'enverrai pour apporter 25,000 francs, ne pourra partir que le 12 août, et ne pourra arriver qu'en octobre, après la retraite ; et la troisième Avant-Garde ne pourra être composée que de vingt-cinq hommes, ne pourra partir que le 28 septembre, et ne pourra arriver que le 24 novembre, aussi après la retraite.

Pendant ces mois de mai, juin, juillet et août, l'Avant-Garde est en proie aux plus cruelles angoisses, parce qu'elle apprend les horribles malheurs du 16 avril, du 15 mai et du 23 juin, parce qu'elle apprend la persécution contre les Icariens et contre moi, les cris de mort, les mandats d'arrêt, ma fuite forcée, même MA MORT annoncée par un journal américain et rendue probable par mon silence forcé.

Nous pouvons le répéter sans cesse, c'est la *Révolution* ou plutôt la *Persécution* qui est la principale cause du découragement de la première Avant-Garde, de ses désastres et de sa retraite : mais voici une autre cause.

6° Gosse, l'un des Icariens qui ont montré le plus de zèle (p. 29), mais qui, par excès de vanité et d'entêtement, a commencé, après la Révolution, une *première dissidence* en s'opposant, tout seul contre l'avis de tous, à ce que les Icariens et moi nous nous occupions de politique en même-temps que d'Icarie, qui a intrigué pour surprendre une vingtaine de signatures, qui a été désavoué par ces signataires et publiquement blâmé par une Assemblée générale, a écrit, en juin, pour se venger, une longue lettre qui arrive en août et dans laquelle il attaque les Icariens de Paris et moi et dans laquelle, prodiguant les mensonges, il s'efforce de les effrayer, de les décourager, de les diviser et de les exciter à la révolte contre moi.

Il y dit en substance :

« Que c'est moi qui suis cause des cris *à bas les Communistes*, en m'occupant de politique par ambition, pour être ministre ; — que j'ai *abandonné* l'Avant-Garde et ne m'occupe absolument plus d'elle ; — que je suis un homme ambitieux, despote et cupide, un homme d'argent, aimant l'argent et le pouvoir, ayant le *cœur sec* ; — que j'ai gagné plus de 20,000 francs sur la première Avant-Garde ; — que je voulais renverser le Gouvernement provisoire ; — etc., etc.

Cette lettre est infernale !... La Police n'écrirait pas autrement pour démoraliser et perdre l'Avant-Garde ! Toutes les calomnies et toutes les hostilités des futurs Dissidens, des Journaux réactionnaires et de la Police elle-même ne seront que la répétition de cette lettre infâme !

Aussi, cet homme, ce *Gosse*, sera l'un des principaux témoins contre moi dans le deuxième procès en escroquerie !

Et si l'Avant-Garde, déjà malade et découragée, a la faiblesse et la folie de donner la moindre attention à cette lettre satanique, son moral ne doit pas en être favorablement affecté !

Mais en voici bien d'une autre !

7° Après la Révolution de Février, on a découvert dans les cartons de la Préfecture, à Toulouse, et l'on a publié plusieurs longues lettres écrites et signées par Gouhenant à l'époque du procès de Toulouse en 1843, par lesquelles il offrait au Préfet de servir la Police de Louis-Philippe si l'on voulait lui donner 200,000 francs.

Si ces lettres ne prouvent pas incontestablement que ses offres ont été acceptées et qu'il a réellement été un agent de police et un traître dans le procès de Toulouse (car sa conduite publique pendant tout le procès indiquait tout le contraire), elles prouvent du moins qu'il était capable de l'être et doivent faire craindre qu'il ne soit, dans l'Avant-Garde dont il est le chef, l'agent d'une Police quelconque, d'autant plus dangereux qu'il est plus habile, plus adroit et plus actif. C'est une des raisons principales qui me déterminent à envoyer la deuxième Avant-Garde malgré son petit nombre et la saison d'été.

En arrivant en Icarie, le Délégué de la deuxième Avant-Garde convoque l'Assemblée générale ; on interpelle Goubenant, qui reste confondu et qui avoue ; on trouve dans sa malle des insignes qui indiquent des relations avec une Société religieuse, Jésuite ou autre ; on ne doute pas qu'il ne soit l'agent de quelque Police ; on le soupçonne même d'avoir fait empoisonner les malades qui sont atteints de folie ; on le juge, on le condamne ; et pour le punir on le chasse, après lui avoir coupé sa belle chevelure et sa belle barbe, dont il tirait vanité.

Mais cette étrange découverte ne contribue pas peu à démoraliser l'Avant-Garde.

8° Sur la fin de juillet, *Guillot*, celui qui vante le plus Icarie et qui exhorte le plus vivement sa famille à venir le joindre (*Populaire* du 12 novembre), meurt le premier ; puis *Collet* est frappé par la foudre ; puis, *Cuérin*, *Chauvin* et *Saugé*, déjà plus ou moins indisposés en France, succombent à la fatigue et à la fièvre.

C'est alors, vers le 29 août, qu'est arrivée la moitié de la deuxième Avant-Garde, dont l'autre moitié est restée en arrière, accablée par la fatigue d'une longue marche faite par la chaleur d'août : ce sont donc des fatigués qui viennent se joindre à des malades en leur apportant une terrible accusation contre leur chef Goubenant ; et c'est alors qu'on reparle plus sérieusement de *retraite*.

L'agent de la Compagnie Peters, intéressé à conserver la Colonie, et qui, par intérêt, lui a ouvert le crédit et fait l'avance nécessaire en lui fournissant toutes les provisions dont elle a besoin, fait, par le même intérêt, tous ses efforts pour la retenir ; il offre de continuer le crédit et de l'augmenter ; il offre même de placer tous les Icariens, deux à deux, dans les fermes des environs, pour s'y reposer, pour y boire du lait et s'y guérir, pour y passer les mois de septembre et d'octobre et revenir sur leurs terres quand les chaleurs seraient passées et qu'ils seraient entièrement rétablis et capables de reprendre leurs travaux.

S'ils acceptaient cette offre, tout serait sauvé ; mais l'offre est rejetée, la *dissolution* de la Société est prononcée, ainsi que la rentrée dans l'*individualisme* et la *retraite* est décidée malgré l'opposition de quelques-uns. Deux seuls restent en conservant leur part du terrain.

§ LXIV. — Retraite.

Ainsi rentré dans l'individualisme, on abandonne le matériel (perte énorme !) ; chacun n'emporte que ce qui peut lui être nécessaire sans le trop embarrasser. On partage ce qui reste en caisse, et l'on se met en route individuellement pour Shreveport, la Nouvelle-Orléans et la France, en entraînant la moitié de la deuxième Avant-Garde qui était restée en arrière.

Mais ce sont des fatigués et des malades qui entreprennent une longue retraite, de plus de 100 lieues ou 300 milles jusqu'à Shreveport ; et l'on a la douleur de perdre encore quatre autres frères, *Levy, Barroux, Berson* et *Nieaux*.

Ainsi, voilà huit Icariens, sur plus de quatre-vingt-quinze, qui périssent par la fièvre, la chaleur et la fatigue. C'est beaucoup trop assurément, et cette perte sera pour tous leurs Frères, comme pour moi, un long sujet de douleur et de regrets : mais n'est-ce pas une *Avant-Garde*, partie pour sonder le terrain et le climat en affrontant tous les dangers ? ne puis-je pas périr comme eux ? n'auraient-ils pas pu mourir également en France ou partout ailleurs ? La guerre civile, le choléra, la rupture d'un pont, comme à Angers, la soif de l'or, la colonisation en Algérie, le voyage en Californie, etc., etc., ne font-ils pas mille fois plus de victimes, pour des causes qui ne sont pas comme ici celle de l'Humanité ?

Et d'ailleurs, j'en ai la conviction aujourd'hui, si j'avais pu être là, si l'on avait pris au Texas toutes les précautions hygiéniques que nous prenons à Nauvoo, nous n'aurions pas eu plus de dangers, et nous serions maintenant presque un Peuple, marchant vers l'ouest, du côté de l'Orégon ou de la Californie...!

Arrivées à Shreveport, les deux premières Avant-Gardes y rencontrent la Commission de cinq arrivant par New-York, qui leur distribue cinq mille francs, et qui revient avec elles à la Nouvelle-Orléans.

§ LXV. — Grands départs des Familles.

Cependant les nouvelles favorables reçues d'Icarie en France, depuis mai jusqu'à la fin de septembre, ont déterminé beaucoup de familles à partir en automne, à se préparer longtemps d'avance, en vendant leurs meubles, en donnant congé, etc. Plusieurs, comme *Pépin* de Périgueux, menacent de partir seuls, si l'on tarde à partir en commun.

Une troisième Avant-Garde, composée de vingt-trois, est déjà partie vers la fin de septembre ; une première expédition de *familles* part de Bordeaux vers le milieu d'octobre, emmenant cinquante-six Icariens (vingt-sept hommes, dix-sept femmes, douze enfans).

Ce n'est qu'alors qu'arrivent à Paris des nouvelles, d'abord inquiétantes, puis successivement mauvaises, puis plus mauvaises, qui font connaître la retraite des deux premières Avant-Gardes sur Shreveport. Que vont faire les Icariens qui ont tout vendu, qui ont donné congé, etc., etc., qui sont prêts à partir depuis longtemps, dont les places sont retenues sur trois navires, et qui ne peuvent presque plus reculer ?

Je fais de grandes réunions chez moi, je communique tout. On ne s'étonne pas du mal arrivé ; on dit même qu'on s'attendait à des pertes beaucoup plus grandes, dans les premières Avant-Gardes pendant l'été ; on déclare qu'on a assez de courage et de dévoûment pour aller au secours des Frères en péril ; les femmes même veulent absolument partir ; on espère que la Commission des cinq, qui porte vingt-cinq mille francs, et la troisième Avant-Garde qui porte treize mille francs, seront arrivées assez tôt pour arrêter la retraite à Shreveport, et pour qu'on puisse tous ensemble remonter en Icarie, en se reposant soit à Shreveport, soit à Sulphur-Prairie, soit dans plusieurs autres stations.

J'engage ceux qui pourraient être ébranlés à ne pas partir ; et pour leur donner plus de liberté de s'expliquer, je les invite à venir séparément me confier leurs sentimens et leur desir de rester ; mais personne ne vient et tous persistent à partir.

Enfin, quatre autres grands départs de familles s'effectuent au Havre les 2, 12 et 18 novembre et 16 décembre comprenant, avec les trois Avant-Gardes, les deux Commissions et l'expédition de Bordeaux, 485 Icariens, dont 259 hommes, 125 femmes et 101 enfans (*Populaire*, n° 98).

Je serais allé à Bordeaux si j'avais pu, pour assister au départ des premières familles et au magnifique banquet dans lequel les Démocrates et les Icariens de la ville célébrèrent leur courageux voyage.

Mais je préside aux autres départs, salués à Paris et au Havre par d'innombrables vœux.

§ XLVI. — Je pars moi-même.

La persécution m'a empêché de partir en septembre comme j'en avais eu l'intention.

Dès les premières nouvelles de la retraite, je prends à l'instant la résolution de partir moi-même par le bateau à vapeur d'Angleterre à New-York, pour arriver plus vite, et j'écris à la Nouvelle-Orléans et à

Shreveport pour annoncer mon départ, et pour engager tous nos Frères à loger et à vivre en Communauté en m'attendant.

Mais la persécution vient encore m'entraver et me paralyser ; car c'est alors que je subis, les 15 et 29 novembre (page 57), la plus inique condamnation à un mois de prison , pour quelques fusils apportés et abandonnés à mon insu par quelques Icariens, dans le bureau du *Populaire*, pendant la révolution de Février ; et je ne puis partir que le 13 décembre par le bateau à vapeur partant le 15 de Liverpool à New-York.

Je pars avec *Durand*, cultivateur, ami dévoué, qui ne vient que pour m'accompagner et revenir après avoir organisé notre agriculture.

Et quand je ne crains plus d'être arrêté, je déclare publiquement dans le *Populaire* que je reviendrai pour faire mon mois de prison.

§ XLVII. — Communauté provisoire à la Nouvelle-Orléans.

Arrivée à la Nouvelle-Orléans le 25 novembre, la troisième Avant-Garde y apprend la retraite des deux premières, désapprouve la dissolution et décide courageusemsnt qu'elle continuera la Comunauté dans cette ville en louant une grande maison pour y loger et y vivre en commun, tandis que tous ceux qui pourront travailler chercheront du travail dont ils verseront le produit dans la caisse sociale, en attendant mon arrivée.

Les deux premières Avant-Gardes et la Commission de cinq arrivent du Texas, tandis que les cinq grands départs arrivent de France : toute l'Émigration Icarienne se trouve réunie à la Nouvelle-Orléans.

La minorité, effrayée par la retraite du Texas, ébranlée et incertaine, se loge séparément et rentre provisoirement dans l'individualisme ; mais la majorité se concentre dans la maison commune, agrandie par l'adjonction d'autres maisons contiguës.

La plus grande partie des deux premières Avant-Gardes rentre avec la masse.

En m'attendant (car si quelques-uns disent *il ne viendra pas*, la masse répond *il viendra*), on élit une *Commission de Gérance*, on discute et on vote un règlement, on forme une caisse dans laquelle les Délégués versent ce qui leur reste des sommes que je leur ai remises en partant (plus de 100,000 francs); et l'on choisit deux Commissions pour aller explorer le midi du Texas et le centre des États-Unis.

On s'entend d'abord avec une *Société fraternelle*, composée d'Icariens libres résidant depuis longtemps à la Nouvelle-Orléans, et formée dans le but de faire de la propagande, de s'aider et de fraterniser : mais bientôt quelques prétentions rivales et contraires séparent la *Société fraternelle* et la Communauté.

§ XLVIII. — **Deuxième dissidence**.

Une partie des membres des deux premières Avant-Gardes persistent à demander la dissolution et le partage.

Poussés par les ennemis du Communisme qui sont nombreux et ardens dans un pays à esclaves, et par les Jésuites qui sont aussi nombreux et puissans en Amérique, ils poussent l'aveuglement et la violence jusqu'à parler d'enlever la caisse, de me faire arrêter si j'arrive, de me faire emprisonner, et de faire disperser tous les Icariens.

Ils s'adressent au plus célèbre avocat, Soulier, sénateur de la Louisiane, qui refuse de plaider pour eux (honneur à lui !) et au Consul français, qui refuse de les appuyer dans leurs mauvais projets, et qui se borne à donner à quelques-uns des secours pour retourner promptement en France.

Quelques-uns même s'oublient jusqu'à déclarer la guerre à la Communauté comme à moi, jusqu'à violer toutes les règles et tous les devoirs des sociétés, jusqu'à mettre le public dans la confidence des discussions et des querelles entre associés qui se sont adoptés pour frères, jusqu'à calomnier et outrager leurs frères et leur chef qu'ils appelaient leur père, et jusqu'à s'adresser aux journaux anti-populaires à la Nouvelle-Orléans, à New-York, à Paris et à Londres, pour publier leurs calomnies et leurs outrages en Amérique, en France, en Angleterre, et par conséquent partout !

Il y aurait parmi eux quelqu'agent des Jésuites, ou de quelque Police qu'il ne pourrait rien faire de mieux.

C'est *Dubuisson* qui commence, le 23 novembre, puis *Fouillard* et *Chambry* (Julien), puis *Bertrand*, charpentier de Lyon et *Botey*, tisserand de Vesoul, dont les lettres hostiles sont publiées dans les journaux réactionnaires, tandis que d'autres lettres circuleront sans autant de publicité pour tuer Icarie s'il est possible.

Voici la substance de la lettre de Dubuisson :

« M. Cabet est un *Pacha*, ses délégués sont des *Janissaires*, et les autres Icariens des *moutons* de Panurge. — Il n'y avait pas de traité Peeters. —

On ne nous a pas remis à notre départ tout l'argent que nous avions versé. — Rien n'était cultivé quand nous sommes arrivés dans ce soit-disant *Paradis*. — Nous n'avons trouvé que des morts ou des moribonds. — La *Société Fraternelle* n'a pas voulu me *prêter* de l'argent pour retourner en France. »

Mais dès le 29 novembre, 46 membres des trois premières Avant-Gardes (les cinq grands départs n'étant pas encore arrivés) rédigent la *protestation* suivante :

Première protestation contre les Dissidens.

« Le journal le *Courrier de la Louisiane* a publié dans son numéro du 23 novembre un *pamphlet* que nous venons de lire avec autant de *surprise* que d'indignation.

» Cet écrit est signé : *Dubuisson*. C'est le nom de l'un des Icariens de la deuxième Avant-Garde qui, au mépris de la foi jurée, foulant aux pieds les devoirs les plus sacrés, n'a pas craint d'abandonner ses frères et de tramer contre eux les plus criminels projets pour faire échouer la grande œuvre de la régénération humaine. C'est le même qui, de retour à la Nouvelle-Orléans, *bien portant et parfaitement à même de travailler*, n'a pas rougi de demander à *emprunter* à la Société fraternelle une somme d'argent pour retourner en France, quand il savait qu'elle ne possédait rien, et que d'ailleurs beaucoup de frères avaient le plus pressant besoin de secours.

« Oh ! mépris, mépris, ou plutôt pitié pour le *déserteur*, le *renégat*, le *traître*, qui a osé porter sur le glorieux et immortel drapeau d'Icarie une main sacrilége ! Pitié pour le malheureux qui a voulu entraîner dans la fange où lui-même est lâchement descendu, ce que demain tous les Peuples de la terre élèveront jusqu'aux nues et salueront avec des transports d'admiration et d'enthousiasme.

« Quelque *insensé*, quelque pitoyable que soit cet injurieux libelle, si visiblement marqué au coin de l'infamie, nous croyons devoir protester énergiquement contre toutes les insinuations perfides qu'il contient.

» Nous protestons pour rendre un éclatant hommage à la vérité indignement outragée.

» Nous protestons au nom et dans l'intérêt de notre sainte cause, qu'un homme *égaré*, que nous plaignons sincèrement, a voulu salir.

» Nous protestons au nom du profond sentiment de *reconnaissance* que mérite à tous égards *l'homme pur, vertueux et dévoué*, qu'on essaie vainement de calomnier, et que dans notre gratitude nous persévérons à appeler *notre Père, avec plus d'enthousiasme que jamais*.

» Nous protestons enfin au nom du Socialisme, sauveur de l'Humanité opprimée, et que la *secte* aristocratique et malthusienne voudrait réduire au néant.

» Et forts de notre courage inébranlable et de nos convictions profondes, nous déclarons à nos détracteurs que, malgré leurs sourdes menées et leurs combinaisons impies, Icarie existe et ne périra jamais. »

Mais, comme aucun journal réactionnnaire, soit en Amérique, soit en France, ne veut insérer cette protestation, elle n'est connue que des lecteurs du *Populaire* (numéro du 21 janvier 1849) et n'existe pas pour les innombrables lecteurs des journaux aristocratiques qui connaissent ainsi l'attaque sans la défense, la calomnie sans la vérité.

Ainsi, la majorité des trois premières Avant-Gardes témoigne sa *surprise* et son *indignation* contre l'attaque de Dubuisson, et déclare que la retraite du Texas ne diminue en rien sa *reconnaissance* envers moi et ne l'empêche nullement de m'appeler son *père* avec *plus d'enthousiasme que jamais.*

Cependant, c'est la lettre ou ce sont les calomnies de Dubuisson qui serviront de base à la deuxième accusation d'escroquerie qui, dans quelques jours, sera dirigée contre moi au nom et dans l'intérêt des deux premières Avant-Gardes ! Quel mal n'aura donc pas fait ce malheureux Dubuisson !

Pour l'honneur du Peuple et de l'Humanité, je veux bien croire qu'il s'est trouvé démoralisé par le revers, par la retraite, par la fatigue, par la maladie et la folie de quelques-uns de ses camarades, et qu'il a été entraîné par les perfides manœuvres de quelques ennemis cachés. Je lui pardonne, pour moi, ainsi qu'aux autres, parce qu'*ils ne savent pas ce qu'ils font*; mais, en vérité, ils me donneraient bien du dégoût si j'étais capable de me dégoûter, et si d'ailleurs le courage, le dévoûment et l'affection de la masse ne m'encourageaient pas à ne me décourager jamais.

§ XLIX. — Mon arrivée en Amérique.

J'arrive à New-York le 29 décembre. Là, j'apprends la publication de la lettre de Dubuisson, les effrayans ravages du choléra à la Nouvelle-Orléans, et la difficulté de m'y rendre promptement à cause des glaces qui empêchent ou entravent la navigation. Si je continue ma marche en bravant toutes les difficultés, c'est peut-être la mort qui m'attend au terme du voyage, ou du moins un autre danger non moins grand que le choléra.

Mais je ne puis hésiter, et j'accours pour partager le sort de mes frères, pour les sauver ou mourir avec eux.

Pendant ce temps peut arriver avant moi, à la Nouvelle-Orléans, un feuilleton de *Jacques Arago* (l'aveugle), dans le journal *l'Assemblée nationale* du 3 janvier, qui excite les dissidens à s'insurger contre moi et à m'assassiner ou à me remplacer.

Il est donc, pour un chef d'émigration ou de colonie, ou d'armée, ou de troupe quelconque, peu de situations aussi difficiles, aussi cruelles, aussi périlleuses que la mienne, quand j'arrive à la Nouvelle-Orléans le 19 janvier 1849!

L'un des dissidens, un ex-huissier, signalé depuis comme coupable d'une révoltante immoralité, m'ayant été signalé comme armé pour m'assassiner, je vais droit à lui et le déconcerte en lui disant : Eh bien! on dit que vous voulez me tuer !...

Puis je les réunis tous en Assemblée générale, et leur déclare que l'Association ne peut être rompue que de mon consentement; que je n'approuve rien de ce qu'on a fait pour la dissoudre; que je la considère comme existante ; que je consentirai à la dissolution et au partage, si c'est leur désir à tous; mais que je continuerai, s'ils veulent persévérer, et que dans ce cas nous remettrons *deux cents francs* à tous ceux qui voudront se retirer de la Société pour retourner en France ou s'établir en Amérique. Enfin, je les exhorte tous à s'expliquer franchement, à exprimer leurs opinions et leurs sentimens.

Le médecin espagnol Rovira, qui a eu plusieurs accès de folie, qui se tuera même bientôt dans un nouvel accès, et que je pourrais accuser d'avoir, par ignorance et par incurie, *empoisonné* ses camarades en leur donnant avec excès des remèdes trop violens, présente un écrit rédigé par le méchant huissier, signé par lui et par sept ou huit autres membres de la première Avant-Garde, dans lequel il m'accuse indirectement de les avoir trompés, de les avoir abandonnés et même de les avoir envoyés au Texas pour les y faire périr : mais cette plainte est si insensée et si monstrueuse que tous ceux qui l'ont signée désavouent ou rétractent leurs signatures, en déclarant qu'elles leur ont été surprises; et presque tous les membres présens de la première Avant-Garde signent la *protestation* suivante :

Deuxième *Protestation*, de la première Avant-Garde.

« Nouvelle-Orléans, le 22 janvier 1849.

» Douloureusement blessés des demandes inconsidérées faites hier, 21 janvier 1849, en séance générale, présidée à la Nouvelle-Orléans par le Gérant d'Icarie, nous soussignés, membres de la première Avant-Garde, venons *protester* de toutes nos forces contre les intentions de nos frères qui les ont signées, déclarant que les maux dont nous avons été victimes les uns et les autres *ne sauraient être imputés au citoyen Cabet*, que nous entourons toujours de notre *respect*; et, fidèlement dévoués aux principes de la Communauté, nous affirmons que *les malheurs d'Icarie sont dus à des causes secondaires*, résultat direct de circonstances que nulle prévoyance humaine ne pouvait supposer. »

§ L. — La Minorité cesse, la Majorité continue.

Après deux jours de discussion en Assemblée générale, je demande à chacun s'il veut continuer ou cesser. La grande majorité (280) déclare qu'elle me suivra partout, la minorité recule devant le mauvais succès du Texas. Nous remettons plus de 20,000 francs à ceux qui se retirent.

Parmi ceux qui persévèrent se trouvent des parens de ceux qui sont morts, ou de ceux qui sont dissidens.

Les persévérans signent une *adresse* qui exprime leurs sentimens de confiance et d'affection, de reconnaissance et de respect, envers celui qu'ils appelaient et qu'ils continuent d'appeler leur *père*.

Adresse des Icariens réunis à la Nouvelle-Orléans.

« 24 janvier 1849.

» Cher et vénéré Père,

» Quand, d'accord avec la masse des Icariens de France et des autres pays, nous vous avons donné ce nom de *Père*, c'était pour vous exprimer d'un seul mot nos sentimens de *respect*, d'*affection* et de *confiance* en votre amour pour nous. Ce titre nous vous le conservons sans hésiter, parce que nos sentimens *sont les mêmes et plus vifs encore*, aujourd'hui que vous nous donnez une nouvelle preuve de *votre long dévoûment* en bravant les fatigues et les dangers pour venir partager notre sort et nous guider.

» Notre entreprise pour essayer la réalisation de notre sainte doctrine de Fraternité a rencontré des *difficultés inattendues*; nous avons des malheurs à déplorer; mais si ces malheurs ont excité contre vous des *plaintes* et des *attaques*, ces attaques sont à nos yeux de l'*aveuglement et de l'injustice*, et nous regardons comme un devoir de protester de toutes nos forces, en vous priant publiquement, cher et vénéré Père, d'agréer la nouvelle expression de nos sentimens de *reconnaissance et d'attachement*. »

Chambry père veut rester quoique sa femme et son fils soient dissidens et se soient séparés de la Communauté; mais je l'engage moi-même à partir parce que sa position serait trop cruelle au milieu de nous; et en nous quittant l'estimable vieillard m'écrit cette lettre (*Populaire* du 1er juillet), qui seule doit suffire pour éclairer les juges et tout le monde.

Lettre de Chambry père.

« Cher et vénéré CITOYEN,

« Ah! que j'étais loin de penser, en quittant la France, que des citoyens *qui se disaient si dévoués* pour notre cause puissent venir tout à coup manifester tant *d'ingratitude* pour nous poursuivre à outrance dans votre personne, et que pour quelques fatigues et quelques privations produites par des *circonstances subites et inattendues*, occasionnées surtout par le changement de gouvernement opéré en France, ils se refusent d'examiner la *véritable cause* de nos malheurs.

Dire que nos revers sont *votre faute*, qu'un *intérêt mercantile* vous dominait, que vous avez *abusé de la bonne foi* des familles parties pour Icarie, que vous êtes *la cause* unique de tout ce qui est arrivé au Texas, c'est ABSURDE, c'est AFFREUX !

» Pour moi, qui m'honore encore du titre *d'Icarien*, qui ne vois en vous qu'un *digne Citoyen tout dévoué à la cause de l'Humanité*, qui suis témoin de toute la peine que vous ressentez de tout ce qui nous est arrivé de funeste, qui n'avez pas hésité, malgré votre âge, de vous séparer de votre famille pour traverser les mers et venir vous placer à notre tête afin de pouvoir concourir plus sûrement à la réussite de notre grande entreprise, témoin dis-je, de *tant de nobles efforts de votre part*, je souffre en effet de vous voir *ainsi calomnié*, et ma douleur est d'autant plus grande que, resté seul de toute ma famille qui m'avait accompagné jusqu'ici, je me trouve en proie aux tourmens les plus cruels. Mais vous, pour mettre fin à une si pénible position, vous venez *m'engager, dans l'intérêt de mon repos*, à retourner près de ma famille..... en *me fournissant les moyens* de m'en retourner dans mon pays.

» Je suis et serai toujours, cher et vénéré Père, votre tout dévoué.

» CHAMBRY père. »

Nouvelle-Orléans, 18 février 1849.

Et les ennemis auront beau dire et beau faire, le fait de la persévérance de la majorité est la plus énergique protestation contre les calomnies de la minorité dissidente ; comme mon arrivée, ma persévérance et mes sacrifices de tous genres sont, de ma part, le plus incontestable et le plus entier dévoûment.

§ LI. — Icarie transportée à Nauvoo.

La prévention contre le Texas est devenue telle qu'il est impossible de proposer d'y retourner, au moins dans la même partie ; et c'est un grand malheur ; c'est, pour le Peuple, une perte de cent millions peut-être !

Maintenant, où irons-nous ? — Deux commissions ont été, avant mon arrivée, envoyées, à grands frais, dans le Sud et dans Nord. Aussitôt après leur retour, on examine, on discute, on se prononce pour le Nord, et l'on décide qu'on se rendra *sur le Mississipi*, dans *l'Illinois*, au-dessus de Saint-Louis, à *Nauvoo*, ville bâtie par les Mormons, sur une terre fertile, et dans un climat sain, qu'ils ont été récemment forcés d'abandonner, en y laissant seulement 3,000 habitans, au lieu de 15 à 20,000 qu'elle avait, et dans laquelle la Colonie Icarienne pourra s'établir provisoirement, en attendant qu'elle puisse aller s'établir définitivement dans le désert.

Nous envoyons d'abord une nouvelle Commission pour louer des logemens et des fermes ou des terres.

Puis, le 1ᵉʳ mars, nous partons tous ensemble, 280, dont 142 hommes, 74 femmes, et 64 enfans, sur un grand bateau à vapeur, le *Maréchal-Ney*, emportant seulement *quarante-six mille francs* avec notre bagage, emmenant beaucoup de membres incapables de travailler (des malades des deux premières avant-gardes, des vieillards, des femmes et des enfans). — Si la Révolution n'était pas arrivée, si les départs d'hommes jeunes et vigoureux n'avaient pas été entravés et empêchés, l'addition d'un personnel plus faible n'aurait eu que peu d'inconvéniens ; mais aujourd'hui, le nombre disproportionné de membres qui ne sont pas de robustes travailleurs, est une circonstance qui exige de notre part du dévoûment et du courage ; tandis que, d'un autre côté, la circonstance que nous allons *au milieu de l'ancienne société*, va changer encore nos premières combinaisons, et nous exposer à des difficultés nouvelles.

Le choléra, qui répand la terreur à Saint-Louis, sur les bateaux, et partout, et qui nous enlève des hommes, des femmes et des enfants, me soumet d'abord, et pendant un mois, à la plus cruelle épreuve.

Le fléau cesse ; mais que de difficultés pour nourrir, loger, blanchir, occuper, etc., 280 personnes !

§ LII. — Oganisation à Nauvoo.

Cependant j'achète, je loue, j'organise tous nos ateliers et nos écoles; comme nos logemens et notre infirmerie; comme notre cuisine, notre boulangerie, notre boucherie, notre jardinage et notre réfectoire; comme notre buanderie, notre lavoir, notre blanchissage et notre lingerie; comme nos réunions, nos assemblées générales et nos récréations; enfin nous marchons avec la *sympathie et la bienveillance* de la grande majorité des habitans, avec lesquels nous fraternisons et célébrons leur fête nationale du 4 juillet.

Mais bientôt, quelques autres habitans deviennent nos ennemis, des *cabaretiers*, etc., parce que les Icariens n'enrichissent pas leurs cabarets et leur commerce, surtout le *Curé catholique*, parce que, comme les jésuites et le pape, il redoute le Communisme, et parce qu'il ne peut avoir dans son église nos femmes, nos enfans, nos musiciens et nos chanteurs, qui lui attireraient des curieux et de l'argent. Et ces ennemis font tous leurs efforts pour semer la division et détruire la Communauté.

§ LIII. — Troisième et quatrième dissidence.

Bientôt encore une *faible minorité*, qui se laisse entraîner par ces ennemis et par quelques femmes, se sépare violemment de la majorité et nous déclare la guerre, en s'abandonnant avec nos ennemis extérieurs aux plus monstrueuses calomnies. Et ces calomnies, la minorité dissidente les envoie aux journaux anti-communistes, qui s'empressent de les publier en France, en Angleterre, en Amérique, et partout, tandis que les protestations de la majorité ne peuvent obtenir presque aucune publicité.

Quoique j'aie donné un rare exemple en me démettant spontanément de mon pouvoir dictatorial pour me réduire à une Gérance multiple, élective et annuelle, et pour offrir moi-même la Constitution la plus radicalement républicaine et démocratique, une nouvelle dissidence vient encore nous troubler en 1850 ; mais je déjoue toutes les manœuvres de nos ennemis intérieurs et extérieurs pour nous diviser et nous entraver ; et, pour la seconde fois, je suis réélu, à l'unanimité *Président d'Icarie*, avec la manifestation suivante :

« La Communauté proteste de ses sentimens de respect, de confiance, de reconnaissance et d'amour filial envers son Président, le citoyen Cabet, qu'elle se plaît à continuer d'appeler son *Père.* »

Néanmoins, rien de tout cela ne peut empêcher le Gouvernement de Louis-Napoléon de me faire, pendant ce temps, au nom de la Communauté, un nouveau procès en *escroquerie.*

C'est presque incroyable :..... mais c'est vrai ! et c'est ce que nous allons voir.

IIᵐᵉ PARTIE. — 2ᵐᵉ PROCÈS EN ESCROQUERIE.

§ I. — Dénonciation des journaux réactionnaires.

Nous avons vu (p. 58) le *New-York Hérald* ou plutôt un journal de Paris et probablement le *Bureau de l'esprit* ou la Police, se plaindre de ce qu'on me laissait *impuni* à Paris, moi le rêveur, l'utopiste et l'agitateur, et de ce qu'on me laissait *envoyer* de malheureux ouvriers au Texas pour y être dévorés par les sauvages ou par les bêtes féroces. Il demandait que les journaux parisiens éclairassent la population par humanité.

Et bien certainement, ce n'était ni par un sentiment d'humanité, ni par intérêt et par amour pour les Icariens, ardens républicains, dont cette presse réactionnaire se montrait généralement l'ennemie, qu'elle demandait des poursuites contre moi. C'était évidemment dans un but *politique*.

On sait comment cette presse réactionnaire m'a dénoncé en me calomniant pour me faire assassiner, ou du moins arrêter, en avril, en mai, en juin, etc. (p. 57).

Déjà le 7 juillet l'*Estafette*, parlant d'après un journal judiciaire, annonce (faussement) que les pauvres dupes à qui le Chef de l'école Icarienne a demandé de l'argent dans un banquet à Saint-Ouen (purement imaginaire) sont déterminés à porter contre lui une *plainte en escroquerie*.

Le 8 juillet, le *Constitutionnel*, la *Démocratie pacifique* et le *Censeur de Lyon* (ce qui prouve que l'article a été envoyé le même jour par le même bureau de correspondance) annoncent, et presque tous les journaux répètent, que M. Cabet vient d'écrire au chef du Pouvoir exécutif, alors le général *Cavaignac*, pour lui demander de

6

faire conduire au Texas, sur les bâtimens de l'État, une colonie d'Icariens dont il est le chef, et qu'il a l'intention de conduire lui-même. — C'est évidemment une invitation indirecte qui m'est adressée par la voie des journaux pour aller faire cette demande au Gouvernement; mais comme je ne vais rien demander, on conseille au Gouvernement de changer de système et d'entraver Icarie pour tout diriger sur l'Algérie.

Le *Censeur de Lyon* (l'un des confidens et des serviteurs du général), affectant de l'intérêt pour les *malheureux* ouvriers, s'efforce de me décréditer à leurs yeux et de leur faire préférer l'Algérie, en ajoutant:

« Si les Icariens *ne veulent pas de la République*, s'ils sont décidés à s'armer à la première occasion contre le seul Gouvernement qui *veuille améliorer le sort du Peuple*, qui l'a *promis*, qui le *fera* ; s'ils veulent vivre *en révolte* ouverte contre une Société nouvelle, qui ne peut pas tout modifier en un jour, à laquelle il faut laisser le temps d'organiser, de créer ; qu'ils partent, nous n'avons rien à leur dire, sinon que M. Cabet ne les *accompagnera pas*. »

Le *Courrier de l'Aisne* (à Soissons), du 9, dit aussi :

« Les Communistes doivent incessamment partir pour le Texas, sous la direction de leur chef, M. Cabet. Le *numéraire* étant prohibé dans le système de cette *secte étrange*, son créateur aurait sollicité du Gouvernement de la République la translation de la Société icarienne sur les vaisseaux de l'État. On assure que le pouvoir exécutif n'est pas loin d'adhérer à cette demande, en confiant à M. Cabet un grand nombre des individus qui devront être transportés, et que ses doctrines ont pour la plupart prédisposés au *désordre et à la haine* de la Société telle qu'elle est établie en France. M. Cabet ne saurait se soustraire à subir *la peine du talion* en refusant la direction du moral et du temporel de ces transportés dont il a *désorganisé les idées* ; ce sera du reste pour lui une excellente occasion de faire l'application de son système et d'en étudier les effets ; alors, si ces essais réussissent, s'il parvient en un mot à moraliser des êtres qui ont *couvert Paris de ruines et de sang*, s'il parvient à satisfaire leurs *insatiables instincts*, alors aussi son procès sera gagné, et il aura droit à autant d'éloges et de reconnaissance qu'il a soulevé de *reproches et de critiques*. «

N'est-ce pas évident, tous ces journaux sont les ennemis et les calomniateurs des Communistes, des Icariens, des ouvriers dont ils affectent quelquefois de se dire les amis ; et c'est pour se débarrasser d'eux et de moi qu'ils veulent, tantôt nous envoyer en Amérique sur leurs vaisseaux, tantôt détruire Icarie pour favoriser le pénitentier de l'Algérie..... Oui, c'est pour l'Algérie qu'on veut me perdre afin de perdre Icarie ; car ailleurs le *Censeur* engage les ouvriers à se rappeler que, à 48 heures de Marseille, on trouve une terre qui s'appelle ALGÉRIE.

C'est encore pour me compromettre que, le 27 novembre, le *Censeur de Lyon* donne cette nouvelle :

« Il y a quelque temps, et la justice nous oblige de déclarer que c'était avant d'avoir posé sa candidature, M. *Bonaparte* fit dire à M. *Cabet*, par

M. Montholon, qu'il serait bien aise de le voir. M. Cabet répondit que si M. Bonaparte voulait le voir, il n'avait qu'à venir chez lui. C'est ce que fit le futur candidat. Mais il paraît que la conférence, qui fut longue, ne tourna pas au profit des prétentions du visiteur, et que M. Cabet demanda des *concessions exorbitantes*, car M. Bonaparte sortit fort ému de la maison de M. Cabet; et on nous assure que le chef des Communistes-Icariens affirme, à qui veut l'entendre, qu'il a mis cette majesté *à la porte* comme un simple mortel. »

Ce récit, entièrement imaginé, et dans lequel il n'y a pas un mot de vrai, n'est-il pas fabriqué pour me signaler toujours comme un dangereux ambitieux ?

Nous avons vu (pag. 73) la lettre de *Dubuisson*, publiée par le *Courrier de la Louisiane* (journal de l'esclavage): le *Constitutionnel* du 25 décembre s'empresse de publier cette lettre en ajoutant :

« Si les faits que rapporte cette lettre sont exacts, elle jette un jour tout nouveau sur une entreprise qui semblait au premier abord une œuvre d'humanité : elle contribuera, nous l'espérons, à *éclairer les colons* qui partent de France avec l'espoir de trouver dans l'Icarie bonheur et prospérité; elle *arrêtera le courant de l'émigration* (voilà le mot de l'énigme !) qui tend à se porter vers cette Terre promise. »

Le même *Constitutionnel* donnera bientôt, le 1er janvier 1849, un autre article d'un autre journal de la Nouvelle-Orléans, l'*Écho national*, ainsi conçu, sous le titre *Les Icariens* :

« Une *trentaine de colons* (c'est la troisième Avant-Garde) sont encore arrivés de France dimanche dernier, pour aller refonder l'Icarie. *L'aveuglement de ces pauvres gens* est vraiment incompréhensible, car nos lecteurs savent que tous ceux qui étaient déjà partis pour la Terre promise ont été obligés de la quitter, et n'ont pu regagner qu'à grande peine notre cité, où la plupart d'entre eux sont dans la plus grande *misère*.

» Les nouveaux arrivans ont rencontré ceux qui les avaient précédés, et ces derniers leur ont fait le triste tableau de la situation horrible dans laquelle ils se trouveraient s'ils continuaient leur route jusqu'au Texas. Vous croyez peut-être que cela a *effrayé les nouveaux colons !* Non pas, il faut que ces malheureux soient *fanatisés par M. Cabet* : ils ont beau voir ces hommes décharnés, déguenillés, que M. Cabet a *trompés*......

» Les premières victimes voulaient, au moins, qu'on leur rendît une partie des sommes versées par elles avant le départ de France, mais la *bourse de M. Cabet* est un gouffre beaucoup plus profond que celui de l'Océan sur lequel il envoie ses adeptes ! Et quant aux malheureux élus arrivés dans ce pays enchanteur, la terre des dieux , ils ont beau envoyer M. Cabet à tous les diables, M. Cabet n'en poursuit pas moins son chemin, envoyant de nouvelles recrues qu'il a soin de *dépouiller* comme les autres.

» Les nouvelles victimes qu'il nous envoie n'ont pu obtenir un sou (faussé ! car on a distribué 20,000 francs !).

» L'un d'eux, faisant partie de la deuxième Avant-Garde, et qui a aujourd'hui du Communisme « plein le dos, » comme il le dit poétiquement, nous disait qu'il n'y avait *pas d'esclavage plus dur* que le Communisme en action ! On ne peut s'en faire une idée ! Ainsi, s'il n'y a pas de soupe pour tout le monde, on la donne aux chiens, afin de ne pas faire de jaloux parmi les Communistes. A table, ce n'est pas son assiette qu'on regarde, mais celle de ses voisins, et l'on trouve toujours leurs « pitances » plus grosses et meilleures que la sienne ! Il faut que chacun ait le même appétit et les mêmes goûts, car les morceaux sont pesés, et tout le monde doit manger du même plat ! Tant pis si vous avez bon appétit, vous n'avez que votre portion, et ceux qui (chose rare parmi les Communistes) n'ayant pas faim, ne mangent pas tout, donnent le reste aux chiens, toujours pour ne pas faire de jaloux dans la Société. On nous avait prêché qu'Icarie était une ville « mirobolante, » auprès de qui Paris, la ville du luxe, Capoue, la ville des délices, étaient de la Saint Jean ! Il y avait déjà plusieurs mois que la première Avant-Garde nous avait devancés; eh bien ! quand nous sommes arrivés, nous n'avons trouvé que quelques huttes ouvertes à tous les vents et à toutes les intempéries des saisons. Et nos devanciers étaient dans le plus grand dénûment et la plus grande des misères.

» Ils avaient dû, nous dit-on, ensemencer des milliers d'acres de terre ! Qu'avaient-ils mis en culture ? Cinquante lieues carrées de terrain où ils avaient planté cinq cents radis, dont on n'a « jamais vu la queue d'un seul même.....» Voilà ce qu'est l'Icarie, le pendant du Botany-Bay de la Grande-Bretagne ! Seulement, au lieu d'y envoyer vivre des voleurs, on y envoie mourir des *volés ! »*

» Voilà comment s'explique l'ex-Communiste (Dubuisson ou Fouillard) sur le grand pays de la Terre promise. »

Si c'est ainsi que *Dubuisson* ou tout autre a parlé à ce journaliste pour qu'il répétât ses mensonges et ses calomnies; c'est un infâme !....

Le 28 décembre, la *Revue du Havre* (journal réactionnaire) avoue qu'elle a fait de constants efforts pour détourner les Icariens (à force de calomnies et de mensonges). Elle ose dire que M. Cabet *gagnait* 15 *fr.* et même 300 *fr.* sur chaque Icarien qu'il embarquait au Havre; qu'il les *dépouillait* ; que son entreprise n'était que la plus *honteuse de toutes les spéculations.* Puis, elle ajoute :

« *O Cabet ! ô charlatan ! ô tourbe de charlatans et de chenapans à* qui il eût suffi de quelques mois pour faire *de la France un amas de ruines !*...

» Il est *très heureux* que nous sachions enfin *le secret de l'Icarie.* On a tant abusé de ce *pauvre peuple de Paris,* avec les fallacieux tableaux qu'on lui faisait de ce nouvel Eden, qu'il est *bon que l'expérience arrive enfin* à ses derniers termes, pour dissiper ses illusions. L'Icarie n'existe plus. *Ce bon M. Cabet avait rêvé un âge d'or,* hélas ! ce n'était pas même l'âge de fer qu'il donnait à ses disciples, c'était le plus abominable des chaos, une misère indicible et puis la mort. Ceux qui restent de l'épreuve n'ont pas voulu attendre cette solution suprême ; ils se séparent *furieux contre le maître,* furieux surtout contre ses *janissaires,* qui les *écorchaient vifs,* et d'un jour à l'autre nous allons les voir revenir en France pour apprendre aux *badauds* ébahis ce que c'est que le *communisme,* et en poursuivre le *père* Cabet au tribunal de *Police correctionnelle* pour s'être rendu envers eux coupable d'abus de confiance.

» Nous le savions, nous, et l'issue de cette *grotesque croisade contre les lois sociales* n'était pas un instant douteuse pour tous les gens sensés. Mais avec un pays aussi impressionable que le nôtre et dans des temps aussi agités, plus une *idée est folle* plus elle a de chances d'être acceptée. L'expérience était donc malheureusement nécessaire. La voilà faite, et nous espérons que *le communisme est bien et définitivement mort en France.*

Est-ce assez infâme ! Et c'est la base du nouveau procès en escroquerie !

Et tout cela après mon départ pour courir au secours des Icariens, quand je ne suis pas là pour répondre !.....

Mon mandataire à Paris répond à l'instant, le 29 décembre, somme la *Revue du Havre* d'insérer la réponse et réserve pour moi le droit de la poursuivre en calomnie ; mais elle refuse déloyalement l'insertion,.... quand elle outrage le Communisme et les Icariens en même temps que moi-même.

Mais sa haine contre le Communisme annonce vainement sa mort ; car il vit encore, et prospère assez pour survivre à tous ses ennemis !

Le *Constitutionnel* du 25 décembre publie une lettre écrite le 16 novembre par *Fouillard* de la deuxième Avant-Garde à un nommé *Carnet*, violent ennemi du Communisme, avec une lettre de celui-ci dans laquelle il dit :

« J'ai recours à votre journal pour donner de la publicité à un fait qui peut *prévenir des malheurs*. Il est temps que l'*opinion publique fasse justice de tous ces théoriciens* qui prêchent le *communisme* et qui entraînent à leur *perte* une foule de malheureux esprits *faibles*.

» Est-ce donc là ce PARADIS que Cabet leur avait montré dans le lointain ? Et c'est *cet homme*, *l'auteur de tant de maux*, *ce Cabet*, qui ose se dire *l'ami du peuple*, et qui veut régénérer la société ! Mais ce n'est plutôt qu'un *vil intrigant qui a sacrifié à ses vues ambitieuses* tous ces malheureux qui gémissent maintenant loin de leur patrie. S'il a fallu un exemple si funeste à l'*opinion publique* pour lui ouvrir les yeux, puisse du moins le sort de ces malheureuses sentinelles avancées, ces enfans perdus de la civilisation et du progrès, *désillusionner tant de braves et vertueux ouvriers qui prêtent l'oreille à tous les beaux discours des socialistes et des communistes*, et les préserver des malheurs où ces doctrines les entraîneraient infailliblement ! »

Quant à *Fouillard*, dont la lettre n'est qu'un tissu de lâchetés et de sottises, après avoir parlé de ses fatigues et de ses dangers pendant le voyage, il ajoute :

« Cette chimère, que Cabet nous avait mise dans la tête, est l'état social le *plus infâme possible* ; c'est l'*esclavage* complet ; c'est l'*enfer* ; si vous êtes cent, c'est cent maîtres que vous avez. Vous ne pouvez rien faire ni manger qui ne soit à retoucher et à censurer ; vous n'avez aucune liberté, et toute la journée disputes pour le manger. « Toi, tu manges trop ; moi, je mange moins ; tu es un fainéant, etc. » Toute la patience du monde ne suffirait pas pour une heure. Seulement, nous sommes bien désaveuglés, mais trop tard ; mais il fallait passer par là. Maintenant, ceux qui n'en ont pas goûté peuvent essayer ; ils seront bientôt guéris. Tous les fanatiques qu'il y a encore en France passeront bientôt leur maladie, quand ils sauront de nos nouvelles. *Communisme !* jamais tu ne règneras en France ni en Europe, non plus que les autres *bêtises !* »

Si c'est *Fouillard* qui a écrit cette ignoble tirade contre ses frères, 'est une infamie de sa part ; mais n'est-ce pas une tirade fabriquée à Paris dans le but d'arrêter l'irrésistible Communisme ?

Et le *Constitutionnel* du 30 décembre ajoute ces paroles du père de Fouillard :

« Prévenez le public afin qu'on sache ce que c'est que cette *mauvaise race diabolique de socialistes dénaturés.* »

Il ajoute aussi ces paroles de Carnet :

« Le fameux Cabet, le nouveau Prophète, en fidèle dépositaire, garde soigneusement le trésor qui lui a été confié et ne rend rien à ses malheureuses victimes. »

Ce Carnet, qui sera l'un des témoins les plus violens, quoiqu'il n'ait pas quitté Paris, est donc l'un des dénonciateurs pour la prétendue escroquerie !

Et il insiste vivement ; car il ajoute :

« Si j'insiste tant sur ce chapitre, ce n'est pas tant pour ces quelques hommes qui languissent sur la terre étrangère ; si les maux qu'engendre le Communisme se bornaient à cette malheureuse expédition, on ne pourrait pas s'en plaindre ; mais je voudrais pouvoir détourner les ouvriers de ces doctrines qui leur paraissent superbes en théorie, mais qui sont inapplicables..... »

C'est bien ignorant, bien téméraire ! mais cela servira pour m'intenter un procès en escroquerie, afin de tuer le Communisme et Icarie !

Les *Débats*, du 2 janvier, se prononcent ainsi :

« Plusieurs articles des journaux américains, et quelques lettres que nous avons en partie reproduites, ont fait connaître le sort des malheureux qui, fanatisés par les doctrines de M. Cabet, ont eu le déplorable courage de quitter leur pays, leurs industries, leurs familles, pour aller fonder, dans les solitudes du Nouveau-Monde, l'Icarie, cette Jérusalem nouvelle. Nous avions cru que ces affligeantes révélations auraient provoqué des explications ou tout au moins une réponse de l'homme qui est accusé d'être l'auteur de tant d'infortunes, et sans accorder certainement aucun crédit aux extravagantes et immorales utopies de M. Cabet, nous avions espéré qu'il pourrait au moins prouver que tous ces déplorables récits sont au moins exagérés. Nous nous étions trompés cependant, et nous attendons encore. A un homme comme M. Dubuisson qui prétend avoir versé dans la caisse commune des sommes dont il produit le chiffre, et qui vous accuse de l'avoir *volé*, on ne répond pas en lui disant qu'il est un déserteur, quand on n'a pas soi-même quitté Paris.

» Quant à M. Cabet, il se tient coi, absolument comme si ce débat n'intéressait ni lui ni son honneur. Dédaignant de songer à de pareilles misères, il n'en continue pas son œuvre avec moins d'ardeur, et, s'il faut en croire le bruit public, il presse encore le départ de nouvelles victimes pour la chimérique Icarie. Nous n'avons pas le pouvoir d'empêcher ces infortunés de courir à leur perte ; nous ne savons si quelque *autre juridiction* que celle de la presse est appelée à intervenir dans cette affaire ; mais nous croyons devoir tenir le public au courant de ce que nous pourrons en apprendre, afin que le *tribunal de l'opinion* soit mis à même de prononcer en connaissance de cause sur les mérites de la *doctrine icarienne* et de son *prophète*. »

Ainsi, d'après les *Débats*, je serais accusé par Dubuisson de l'avoir *volé*...; j'étais encore à Paris le 2 janvier (quand je venais de débarquer à New-Yorck)....; je gardais le silence par l'impossibilité de défendre mon bonneur....; et c'était un devoir pour la Justice de me poursuivre en escroquerie pour arrêter l'émigration....!

Le 3 janvier, dans un feuilleton de l'*Assemblée nationale* (l'un des journaux les plus réactionnaires), M. Jacques Arago, l'un des plus fougueux soi-disant républicains, me croyant bien malade, vient à son tour me donner, pour ainsi dire, le coup de pied de l'âne, en ces termes:

« Eh bien ! Cabet, *tu pars*, tu *es parti*, tu *vogues* en ce moment vers l'ouest, sur ces flots atlantiques qui ont emporté tant d'espérances et ramené tant de déceptions !

» Tu es parti, *cher Cabet*, et, par un *martyre* volontaire, tu as voulu *expier* celui de tes croyans !

Il feint d'être mon ami ; il me prodigue dans sa lettre les expressions de l'amitié pour me mieux assassiner moralement ! J'étais lié en effet, non avec lui ni avec son frère *Etienne* (parce qu'il n'y avait rien de commun entre eux et moi), mais avec *François*, l'astronome, mon ancien collègue à la chambre de 1831 à 1834, avec qui j'étais lié par des sentimens réciproques d'estime et d'affection, qui auraient dû non-seulement me préserver des méchantes hostilités de ses frères *Etienne* et *Jacques*, mais encore me donner dans le Gouvernement provisoire au moins un protecteur contre les cris de *mort à Cabet* ! Quoi qu'il en soit, voici l'aveugle Jacques Arago qui va provoquer les dissidents à m'assassiner ou la Police m'arrêter en m'accusant d'escroquerie !

« Prends-y garde, Cabet ! ton sacrifice pourrait bien ne pas te sauver de la colère des exilés, et tu ne sais pas jusqu'où va la vengeance dans le cœur de ceux que nous avons dominés, et que le malheur rend nos égaux ! Toutes leurs heures d'esclavage, ils les rachètent par un instant de domination, et cet instant, c'est l'éclair, c'est la foudre, c'est là mort !

» Ta présence au milieu de tes victimes sera peut-être un signal de proscription ; et comment, dès-lors, la parole reprendra-t-elle la puissance qui t'avait fait si grand à leurs yeux ?

» Ecoute : Un jour je visitais la Cafrerie, et, dans une case enfumée, je demandai au chef de la famille si sa bourgade avait un dieu. — « Oui, me répondit-il, nous en avons un quand nous gagnons une bataille ; mais quand nous la perdons, nous n'en avons plus ; nous le tuons, puisqu'il n'est pas assez dieu pour nous protéger.

» — Mais, poursuivis-je, qui vous donne le second dieu, le successeur du premier ?

» — Nous-mêmes. Les forêts ne manquent pas d'arbres robustes ; nous en faisons des dieux, nous les taillons à notre guise, et plus tard la flamme détruit ce qu'avait fabriqué la hache.

» Cabet, Cabet, ne sois pas le tronc nerveux dont le Cafre fait des cendres dans un jour de vengeance !

N'est-ce pas une provocation indirecte pour les dissidents Icariens à la révolte contre moi, à mon assassinat (qui a failli être exécuté à la Nouvelle-Orléans, en février, un soir, dans la rue, par une bande soldée

figurant un charivari et qui m'aurait probablement tué si je n'avais pas
été accompagné par beaucoup d'amis dont deux furent blessés) ou du
moins à ma destitution et à mon remplacement?

« Tes salons étaient parfois un bazar : vêtemens, ustensiles de tous genres,
armes, bijoux, argent, économies amassées par dix années d'un travail sans
relâche, tout cela, porté par des femmes, des enfans, des mères, t'était donné
en offrande pour les élus de ton paradis...

» Une jeune femme, je la connais, a jeté un jour sur ton bureau un bracelet estimé quinze mille francs... qui n'a pas rapporté une figue banane!

» Un boulanger de ma rue a vendu son fonds VINGT-CINQ MILLE FRANCS!
Il t'en a donné vingt, il en a porté cinq en Icarie, et le malheureux, au désespoir, écrit maintenant à ses amis de l'aider à revoir son pays... Cabet! Cabet!

» Ce qu'il y a de plus merveilleux dans cette étrange vie de receveur que tu
t'étais faite et de fournisseurs que tu faisais aux autres, c'est que tout cela ait
duré si longtemps, et que tu ne te sois décidé qu'après bien des années à envoyer au diable les élus. Le *métier*, j'en conviens, était d'un *bon rapport* pour
toi; mais le socialisme et *l'égoïsme* sont séparés par le diamètre de la terre,
et je me demande par quel prodige tu as échappé jusqu'ici aux *étreintes d'une
main de fer* ou aux *vengeances* d'une famille en deuil. »

Tous ces modestes bijoux des femmes des ouvriers Icariens généralement peu fortunés, ne valaient pas ensemble la bague ou le bracelet qu'une actrice ou une danseuse porte à son doigt ou à son bras!

L'histoire du bracelet de 15,000 fr. est un odieux mensonge! Tous
les bijoux réunis ne valaient pas moitié de cette somme!

L'histoire des 20,000 fr. apportés par un boulanger n'est aussi qu'un
mensonge.

L'égoïsme dont il m'accuse, le *métier*, le *bon rapport*, l'insinua-
tion d'escroquerie, sont des infamies!

Et quant aux *étreintes de la main de fer* de la Justice, c'est une dénonciation, ou plutôt une provocation à me faire le procès en escroquerie! C'est plus infâme encore!...

Et c'est Jacques Arago qui, au nom de la morale et de la probité, ses
honnêtes et pudiques écrits à la main, demande que Cabet soit accusé
et condamné comme escroc!!!

« Après cela, cerveau malade, tu n'as plus le droit d'enrôlement, tu es déshérité
de ta puissance, tu as abdiqué. »

Tous les ennemis, tous les calomniateurs, le croient et triomphent;
mais non, en fait d'honneur, de moralité, de dévoûment, je n'ai pas
abdiqué, je ne suis pas encore déshérité!

Et cependant si, *l'Alliance* de Nantes donne cette nouvelle:

« Le bruit se répand que M. Cabet vient de mourir de la fièvre jaune en
arrivant à la Nouvelle-Orléans. »

Si presque tous les journaux répètent cette nouvelle, je n'en suis pas étonné, puisqu'on provoque tant la vengeance contre moi!

Et beaucoup de journaux, même en pays étrangers, répètent les lettres de *Dubuisson*, *Fouillard*, etc., tandis que le *Censeur de Lyon* publie d'autres lettres informes, dans le même sens, d'un nommé *Bertrand*, charpentier de Lyon, qui figurera parmi les témoins.

Tous ces dissidens avec leurs lettres et tous ces journaux, pourraient bien suffire comme *dénonciateurs :* mais voici un ouvrier tisserand à Rouen, un ex-communiste, condamné plusieurs fois comme séditieux et impie, un renégat, que sa vanité peut pousser à tout, qui adresse au ministre de la justice, dès le 28 décembre, la dénonciation suivante, trouvée dans la procédure :

§ II. — Dénonciation d'un renégat.

» Monsieur le ministre,

» Il est articulé sur la colonie communiste Icarienne, fondée par M. Cabet en Amérique, des faits tellement graves que l'on refuse d'y croire.

» Il importe qu'un châtiment exemplaire soit infligé s'il y a forfaiture, ou qu'une justification authentique ait lieu si les bruits sont mensongers.

» Je viens donc vous demander, au nom de l'humanité, au nom de la loi qui doit protection à tous les Français ; je viens, dis-je, vous demander qu'une enquête judiciaire soit faite sur la fondation, l'administration, la direction de la colonie communiste Icarienne de M. Cabet, et sur son fondateur, ses agens, et le renvoi devant la justice des coupables, s'il y en a.

» Je demande en outre que, vous concertant avec vos collègues de la marine et des affaires étrangères, protection suffisante soit accordée aux colons pour les faire vivre aux lieux de leur transplantation, et leur retour en France aux frais de l'État si la situation de ces lieux ne leur permet pas d'y vivre. Ce sera le moyen de *désillusionner* ceux qui poursuivent la malheureuse chimère d'un bien être fabuleux loin de la Patrie.

» Recevez, monsieur le ministre, mes très humbles salutations.

» Ch. N...... »

Remarquons toujours le même but, de désillusionner les ouvriers.

Ce style et cette familiarité de la part d'un simple ouvrier tisserand envers un ministre, n'annoncent-ils pas un employé d'une Police supérieure ? Si le fait est vrai, ce serait donc de la Police que partirait cette première dénonciation !

Ainsi, c'est N....., un ouvrier, un communiste, condamné précédemment pour un écrit jugé subversif et révolutionnaire, poursuivi pour une émeute contre le chef du clergé de Rouen, repoussé par moi comme indigne de ma confiance, qui se porte délateur contre moi, dès le 28 décembre, quelques jours après mon départ pour l'Amérique (15 décembre), et qui demande contre moi un châtiment exemplaire, sans articuler aucun fait !

Et c'est un autre ouvrier, B... qui me dénonce encore au Gouvernement depuis la Nouvelle-Orléans, tandis qu'un autre ouvrier, G..., me dénonce à Paris! Ah! ces malheureux déshonoreraient et perdraient la cause populaire, si le peuple pouvait être déshonoré et perdu par quelques méchans individus!

Mais, remarquons que du moins le premier délateur demandait que le Gouvernement accordât *protection* aux colons Icariens, et qu'il envoyât des secours pour les faire vivre dans la Colonie ou pour les ramener en France.

Eh bien, le Gouvernement ne s'est occupé que d'une chose, de me persécuter et non de protéger les Colons, de m'empêcher de leur être utile, au lieu de les nourrir lui-même ou de les ramener! C'a été pour lui une affaire politique, un prétexte, et nullement une affaire d'humanité!

Si le Gouvernement avait envoyé 100,000 francs pour nourrir ou ramener les Colons, j'aurais pris l'engagement de revenir immédiatement pour me présenter à la justice. Mais c'est à moi seul qu'il laisse la charge énorme de transporter, nourrir et établir ou ramener 500 individus, dont moitié sont des femmes, des enfants, des vieillards et des infirmes ou des malades; et quand je les ai nourris, logés, entretenus pendant plus d'un an, en partageant leur sort, en bravant toutes les fatigues et tous les périls, c'est moi que l'on frappe, que l'on comdamne comme escroc, que l'on veut déshonorer et tuer moralement!...

Non, jamais il n'y eut plus grande iniquité matérielle ou plus grande erreur de la Justice!

§ III. — Commencement du Procès. — Procédure secrète.

J'étais parti de Paris pour l'Amérique le 13 décembre

Dès les premiers jours de janvier 1849 on commence une procédure secrète, dans laquelle on m'accuse d'ESCROQUERIE, à mon insu, sous prétexte (on ne voudra pas le croire un jour), que le projet de colonisation n'aurait été qu'une entreprise fictive et chimérique, imaginée par moi pour escroquer les émigrans.

On saisit une seconde fois tous mes livres et registres de comptabilité, sans craindre de tuer le *Populaire* et la Colonie.

Plusieurs des premiers dissidens revenus à Paris, se présentent clandestinement, ou sont appelés par la Police pour déposer contre celui qu'ils appelaient leur chef et leur père!

On entend Rousset et Teyssier, de la première Avant-Garde; — Dubuisson, Fouillard (représenté par Carnet), Julien Chambry, Chapron, Rousseau, Bâle, Poiret, de la 2e Avant-Garde; — la femme Rousset, la femme Chapron, Crocq et sa femme, Hardier et la femme Becquerelle, des grands départs; — Gossé, Carnet, Dabat, Botey, qui ne sont pas partis. — On fait venir de Lyon le charpentier Bertrand et sa femme. — Presque tous ces témoins sont connus de la Police pour être très hostiles. — On recueille aussi leurs lettres publiées par les journaux, et tous les journaux ennemis.

Mais on n'appelle pas les membres de la première Avant-Garde revenus sans hostilité, Paquot, Crombez, Cochard, Maurice, Dondot, Boué, Duthy. Et pourquoi ne les appelle-t-on pas? Est-ce là de l'impartialité?

Ces témoins sont sans doute accueillis avec intérêt, avec bienveillance, comme des victimes; et cet accueil doit les encourager et les enhardir contre moi !

Cependant, la plupart des témoins entendus devraient être suspects; car ce sont des parties intéressées qui voudraient obtenir de l'argent ou d'autres objets en nature; tous s'expliquent avec une passion évidente, et presque tous mentent ou se trompent, Julien Chambry, par exemple, qui affirme que Levy a fait un apport de 8,000 francs, tandis qu'il n'a pas même pu compléter son apport de 600 fr. et qu'il n'a rien pu donner pour sa femme et sa fille.

L'instruction dure secrètement pendant cinq mois, sans que j'en aie connaissance. Elle ne présente certainement aucune preuve, aucun fait d'escroquerie; mais les méchancetés de Gosse, de Rousset, de Julien Chambry, de Dubuisson, de Fouillard, etc., sont bien faites pour m'exposer aux immenses désagrémens d'un procès.

§ IV. — Je proteste à l'instant.

Dès que j'apprends à Nauvoo, en mai, deux mois après mon arrivée, la saisie faite au bureau du *Populaire*, sous prétexte d'escroquerie, je redige à l'instant la Protestation suivante, qui paraît dans le *Populaire* du 1er juillet 1849 sous le titre *Infâme accusation*.

Après avoir rappelé la 1re poursuite en escroquerie, abandonnée par le procureur de Louis-Philippe, je disais :

« Aujourd'hui, sous un nouveau Gouvernement qu'on appelle une République, quand je sacrifie tous mes intérêts personnels, quand je brave toutes les fatigues et tous les dangers, le choléra et la haine, pour faire plus de trois mille lieues, par mer et par terre, afin de me dévouer au salut de mes frères, j'apprends à Nauvoo, au milieu de la maladie et de la mort, que les

Agens du Gouvernemeut me poursuiveut de nouveau à Paris, saisissent tous mes registres et m'accusent, en mon absence, de n'avoir imaginé le projet d'émigration et de colonie Icarienne que par spéculation personnelle, pour m'enrichir en dépouillant mes dupes; en un mot, d'être un escroc.

» Ah! c'est indigne autant qu'insensé!

» Et les Agens du Gouvernement pretendent aimer le Peuple et prendre ses intérêts plus que moi!

» Et ils appellent tous les dissidens, tous les ingrats, tous les lâches, tous les égoïstes, tous les malheureux qui m'ont trahi et qui m'ont dénoncé et attaqué dans les journaux réactionnaires!

» Ces Agens ne craignent pas de déshonorer ces malheureux qu'ils caressent pour en faire leurs in-trumens!

» Ces malheureux ne craignent pas de se déshonorer!...

» Et la presse qui se dit démocrate, républicaine, socialiste, que fait-elle, que dit-elle, en présence de tant d'infamies?

» Pour moi, de même que j'ai dit que le Gouvernement et la Garde nationale de Paris s'étaient déshonorés en criant et faisant ou laissant crier publiquement, le 16 avril, à bas les Communistes, mort à Cabet, de même je dis hardiment aujourd'hui que la République ou son Gouvernement se déshonore en m'accusant d'escroquerie.

» Socrate, surnommé le plus sage des hommes, quoique se proclamant citoyen de l'univers et Communiste, dénoncé par d'infâmes calomniateurs, accusé d'impiété, de corruption et de démoralisation de la jeunesse, déclaré coupable par le Peuple d'Athènes, et sollicité de déterminer lui-même la peine qu'il méritait, répondit : « Je mérite d'être nourri dans le Prytannée, aux frais de la République. » Mais le Peuple, irrité de cette courageuse réponse, condamna Socrate à mort en se déshonorant lui-même et en rendant plus éclatante la gloire du condamné.

» Je suis loin de me comparer à Socrate, bien que je puisse avoir la hardiesse de prétendre que ni lui ni personne aujourd'hui ne me surpassent en dévoûment pour le Peuple et pour l'Humanité; mais je ne crains pas de déclarer que je mérite de ma Patrie autre chose qu'une calomnieuse accusation de cupidité et d'escroquerie.

» Si je puis me rendre en France, je répondrai à tous les calomniateurs; et si, par hasard, je mourais sans revoir mon pays, je mourrai avec la confiance que, tôt ou tard, l'opinion sera unanime pour me rendre justice.

CABET.

§ V. — Ordonnance qui autorise la poursuite.

Enfin le 6 juin, la Chambre du conseil du Tribunal correctionnel de Paris rend une ordonnance qui autorise la poursuite en ESCROQUERIE contre moi et contre Louis Krolikowski, mon mandataire, mon collaborateur et mon ami, accusé d'être mon complice.

Dès le commencement de la procédure, on l'a sommé de quitter Paris dans les vingt-quatre heures parce qu'on savait qu'il était étranger (Polonais), et qu'on oubliait sa naturalisation en France. On m'aurait ainsi enlevé mon défenseur, et alors on ne l'aurait pas poursuivi comme mon complice : mais aujourd'hui qu'on ne peut pas l'expulser sans jugement, on le poursuit comme mon complice.

Le 15 juin, tout en reconnaissant dans l'assignation que je suis en Amérique, à la Nouvelle-Orléans, on m'assigne au bureau du *Populaire* pour comparaître devant le tribunal de Paris, le 22 du même mois.

Mais le 20, on arrête mon mandataire comme impliqué dans le prétendu complot du 13 juin, et on le tiendra au secret pendant deux mois, quoiqu'il soit innocent, puisqu'on lui rend ensuite sa liberté sans jugement. On arrête également sans motif le Gérant du *Populaire*, Beluze, pendant douze heures.

Le 22, Krolikowski, amené par des gardes, déclare qu'il est notoire que je suis à Nauvoo, que le ministre et ses consuls en Amérique peuvent facilement m'y faire parvenir l'assignation, et que la loi prescrit de m'y faire assigner en me donnant un délai de six mois proportionné à la distance.

Le substitut du procureur de la République reconnaît que si M. Cabet était à New-York ou à Saint-Louis on l'y aurait assigné en lui donnant le délai nécessaire; mais il déclare qu'il a vainement cherché Nauvoo sur la carte, comme si ce n'était pas là la plus étrange *ignorance*!

Le Tribunal, invoquant l'*acte de société*, déclare régulière l'assignation donnée au bureau du *Populaire*, à Paris; mais, reconnaissant qu'il faut donner à l'accusé absent un délai *suffisant* pour qu'il puisse être averti et se présenter, il renvoie l'affaire au 27 septembre, délai évidemment insuffisant.

Mais je n'apprends cette nouvelle à Nauvoo que le 8 août, par le *Courrier des États-Unis* du 25 juillet.

Dès le lendemain, la Colonie, réunie en Assemblée générale, discute, vote à l'unanimité et signe la protestation suivante :

§ VI. — Première Protestation de la Colonie.

« Nauvoo, 9 août 1849.

» Une de ces grandes iniquités qui suffiraient pour déshonorer un siècle va peut-être s'accomplir en France. D'ignobles calomnies veulent flétrir le nom de Cabet, du Philosophe chrétien qui a consacré toute une longue vie à l'éducation morale des Peuples, du Régénérateur, de l'intrépide Apôtre qui, abandonnant Patrie, famille et fortune, prépare, en de lointains climats, au milieu des dangers et des privations, le bonheur de l'Humanité.

» Nous, témoins et objets de son amour et de son dévoûment, nous, jouissant déjà du fruit de ses sacrifices et de notre persévérance, nous *protestons* contre des accusations aussi absurdes qu'infâmes, dont le triomphe serait une nouvelle honte pour notre infortunée Patrie. »

Au même moment, j'envoie à Paris, avec cette protestation de la Colonie, une nouvelle protestation de ma part; et toutes deux sont publiées, le 23 septembre, dans le n° 4 de la *Réalisation d'Icarie*, en ces termes :

§ VII. — Je proteste moi-même de nouveau.

« Déjà, en 1848, le Gouvernement de Louis-Philippe m'avait accusé d'escroquerie en soutenant que l'Émigration Icarienne n'était qu'une entreprise imaginaire supposée par moi pour m'enrichir personnellement en exploitant les Icariens.

» C'est en vain que les Icariens protestèrent partout dans des adresses remplies de témoignages d'estime, de confiance et d'indignation contre la calomnie ; c'est en vain aussi que, après la saisie de tous mes papiers, après mon arrestation et mes réponses, la Chambre du conseil du tribunal de Saint-Quentin déclara qu'il n'y avait aucune charge suffisante pour autoriser la poursuite. Voici que le Gouvernement de la République ou de Louis-Napoléon renouvelle cette odieuse accusation, sans se laisser arrêter par cette première décision ; voici qu'on m'accuse encore d'escroquerie en m'accusant d'avoir employé des *manœuvres frauduleuses* pour persuader l'existence d'une fausse entreprise.

» Ainsi, l'Émigration Icarienne, la Colonie Icarienne, seraient une fausse entreprise, une entreprise imaginaire et frauduleusement simulée, sans existence réelle !

» Mais c'est vouloir nier la lumière du soleil, c'est insulter à la notoriété publique, c'est un contre-sens, le contre-pied de la vérité !

» Quoi ! j'aurais publié deux grands ouvrages et quarante écrits, puis le *Populaire* pendant huit années pour préparer l'Émigration et la Colonisation, comme l'ont fait Fourier et ses disciples, Robert-Owen et tant d'autres en Amérique, et le Gouvernement lui-même en Algérie ; j'aurais traité avec une compagnie qui me cédait plusieurs millions d'acres de terre si j'avais pu en commencer l'occupation avant le 1er juillet 1848 ; j'ai failli acheter d'autres terres pour 80,000 francs ; j'en ai acheté pour 15,000 francs ; j'ai envoyé un agent à qui j'ai donné plus de 4,000 francs ; j'ai fait deux voyages en Angleterre pendant l'hiver ; j'ai fait partir 500 personnes en huit expéditions ; j'ai fait six voyages au Havre pour présider à leur embarquement ; j'ai fait le voyage en Amérique, en me rendant à la Nouvelle-Orléans par l'Angleterre et par New-York, pour diriger mes Frères les Icariens et partager leur sort ; je les ai conduits à *Nauvoo* où la Colonie Icarienne est établie depuis six mois, où nous avons uni le drapeau de France au drapeau de l'Amérique, dans la fête pour l'anniversaire de l'indépendance américaine, et où les citoyens de la Cité viennent de nous faire une visite solennelle pour fraterniser avec nous... ; et à Paris, où l'on a répandu contre moi tant de faux bruits, tant de mensonges et tant de calomnies, un Tribunal pourrait affirmer que notre entreprise n'est qu'une *fausse* entreprise, une entreprise imaginaire sans existence réelle !

» Quoi ! tant de travaux, tant de veilles, tant de fatigues, tant de dangers ne suffiraient pas pour qu'il fût impossible de dire : fausse entreprise !

» Faut-il donc ma mort en Amérique pour que certaines personnes croient à la réalité de mon entreprise !

» Et puis, on ose m'accuser de fraude, de manœuvres frauduleuses, d'escroquerie, par conséquent de cupidité et de soif insatiable pour l'or et l'argent, moi dont toute la vie (et une longue vie) est une vie de travail, de désintéressement et d'abnégation personnelle. Ah ! c'est absurde autant qu'infâme !

» Quoi ! je suis sans besoin, sans aucune de ces passions qui entraînent l'homme à se déshonorer ; je sais ne rien dépenser pour ma satisfaction personnelle ; je mène la vie la plus frugale et la plus sobre ; je sais, s'il est nécessaire, me contenter de pain et d'eau ; je suis un de ces hommes qui, par nature, par tempérament, sans effort et sans mérite, sont réellement incorruptibles... ; et l'on m'accuse d'escroquerie !

» Quoi ! j'ai consacré ma vie à l'étude de la philosophie ; j'ai travaillé sans cesse (et personne peut-être n'a plus travaillé pendant 50 ans) à une grande réforme sociale ; on m'a donné le titre de philosophe, de chef d'école, de réformateur ; et je ne serais qu'un vil escroc !

» Quoi ! je prêchais au Peuple la justice, la morale, le désintéressement ; je protestais continuellement de mon amour et de mon dévoûment pour lui ; et je l'aurais exploité, trompé, escroqué, ruiné, pour m'enrichir de ses dépouilles !

» Quoi ! mes ennemis me reconnaissent quelque capacité et quelque talent ; j'ai été procureur-général et député ; plus d'un parti et plus d'un prince m'ont offert ou fait offrir leurs faveurs ; Louis-Napoléon lui-même est venu me voir plusieurs fois à Londres en 1839, pendant notre commun exil en Angleterre, pour essayer de m'attacher à sa cause. Si j'avais été ambitieux et cupide, la porte de la fortune et des honneurs m'était ouverte ; si j'avais voulu dissimuler et feindre et caresser les pouvoirs, j'aurais facilement pu (c'est un fait notoire en France) devenir ministre, dans des temps où tant d'autres ont pu le devenir sans beaucoup de mérite ; j'aurais pu même, si je l'avais voulu, arriver au Gouvernement provisoire... ; et je me serais avili jusqu'à n'être qu'un escroc !

» Quoi ! personne peut-être n'a reçu tant de témoignages publics d'estime et de confiance ; le procès de Saint-Quentin n'a pas empêché Paris de me donner 60,000 suffrages dans une première élection, et 68,000 dans une seconde, comme la nouvelle calomnie n'a pas empêché les mêmes électeurs de m'en donner 72,000 malgré mon absence... ; et l'on persiste à m'accuser d'escroquerie !

» Lamartine (qui s'en vante aujourd'hui et qui parle du Cabétisme) m'a fait au 16 avril, ainsi que la garde nationale, l'honneur de me redouter assez pour crier à bas les Communistes ! mort à Cabet !... et je ne serais qu'un homme sans influence, réduit à n'être qu'un misérable escroc !

» Qu'il y aurait d'escrocs en France, si moi j'étais réellement un escroc !

» Ah ! je le répète, c'est insensé, et tellement insensé que je me laisserais juger sans rien dire, si je ne craignais que ma condamnation ne fût une honte pour ma Patrie !

» Mais Socrate, que l'oracle proclamait le plus sage des hommes, a bien été, sur les dénonciations d'infâmes calomniateurs, condamné comme un impie et comme un corrupteur de la jeunesse ; Jésus, adoré comme Sauveur de l'Humanité, a bien été crucifié comme un voleur, un factieux et un blasphémateur ; le libérateur de l'Amérique, le modeste et vertueux Washington, a bien été accusé de concussion ; moi, qui ne puis prétendre qu'à l'honneur d'être considéré comme un de leurs disciples, je puis bien me résigner à être condamné comme escroc...

» Mais je PROTESTERAI jusqu'à mon dernier soupir, et il n'y aurait plus de justice sur terre, ou bien, tôt ou tard, on me rendra justice !

» CABET. »

Quelques autres réflexions sur l'accusation.

« Je n'ai pas mes notes, mes livres, ma correspondance ; je ne connais ni les dénonciations ou les plaintes, ni la procédure ou les dépositions des témoins, ni les prétendues charges ; par conséquent je ne puis me défendre, et je ne serai pas défendu. Qu'on veuille remettre le procès à huit mois, et je pourrai alors répondre à tout. Aujourd'hui, je ne puis que présenter quelques réflexions :

» Si nous avions réussi à fonder Icarie dans le Texas, il n'y aurait pas de procès ; on ne m'accuse qu'à cause de l'échec dans le Texas ; mais cet échec peut être le résultat des fautes, soit du délégué, soit des émigrans eux-mêmes.

» Le gouvernement, malgré sa toute-puissance, son armée de soldats, d'ingénieurs et d'administrateurs, son budget et ses millions, n'a pas plus réussi à coloniser l'Algérie que nous à coloniser le Texas, tandis que si nous avions eu ses millions, je n'ai pas le moindre doute qu'Icarie aurait réussi.

» J'ai demandé des apports, de l'argent, 600 fr. au moins !... Mais, est-ce que la fondation d'Icarie dans le Texas, à 2 ou 3,000 lieues, dans un désert où il fallait tout porter et tout créer, n'était pas une des entreprises les plus compliquées, les plus difficiles, et qui exigeaient le plus de capitaux ? Est-ce que Fourier et son école ne demandaient pas des millions et n'ont pas dépensé des sommes énormes ? Est-ce que le Gouvernement n'a pas dépensé des millions pour la colonisation de l'Algérie ?

» Est-ce que tout le monde ne savait pas que je n'avais personnellement aucune autre fortune que mon dévoûment ? Est-ce que tous les Icariens ne savaient pas que leurs apports étaient nécessaires, et qu'ils seraient à peine suffisans pour couvrir les frais du voyage et du premier établissement ?

» Ah ! que j'aurais voulu être assez riche pour faire à moi seul tous les frais ! que je voudrais l'être assez pour tout rembourser, et réaliser toutes mes idées ! Je serais sûr du succès !

» Si j'ai eu un tort, c'est de ne demander que 600 fr. pour le minimum ; je devais demander le double, le triple !... mais si nous n'avions pas été précipités par la persécution et bouleversés par la Révolution de Février, nous aurions eu des apports plus considérables qui auraient compensé les apports trop faibles, nous aurions pu faire des emprunts ; c'est la persécution d'abord, et c'est ensuite la Révolution qui ont tout dérangé et tout compromis ; car sans la Révolution, les Avant-Gardes se seraient seccédées de quinzaine en quinzaine ou de mois en mois, en mars, en avril et mai, et tout aurait été sauvé avec de la prudence.

» J'ai été trop bon peut-être et trop humain, quand j'ai accepté pour l'apport de six cents fr., 1º des actions du *Populaire*, qui n'étaient pas de l'argent ; 2º des billets (qui n'ont pas été payés), ou des immeubles (qui n'ont pu se vendre) ou des meubles (qui ne se sont vendus qu'à vil prix) ; j'ai même accepté beaucoup d'apports incomplets et j'ai fait partir beaucoup d'hommes et de femmes qui n'avaient pas ou presque pas d'apports ; mais d'une part je ne pouvais résister aux supplications de beaucoup de travailleurs qui se ruinaient tous les jours, qui s'étaient mis en route sans autorisation, et qui me conjuraient de les faire partir. J'espérais toujours que des apports plus abondans viendraient compenser les autres : c'est, encore une fois, la Révolution qui a tout perdu.

» Et que de services j'ai rendus, que de sommes j'ai prêtées à des Icariens pour les sauver dans la persécution, à l'un, 500 fr., à un autre 1,500 fr., etc., etc., qui n'ont pu m'être rendues !

» On pourrait peut-être, sans déraison, m'accuser d'un excès de bonté, de générosité, de désintéressement, et alors j'aurais beaucoup de considérations à faire valoir : mais m'accuser d'escroquerie ; il n'y a jamais eu de plus révoltante accusation !

» L'accusation est d'autant plus révoltante que je mettais moi-même dans la Communauté tout ce qui m'appartenait, tout mon travail, tous mes écrits, tous mes honoraires, que j'aurais pu réclamer pendant huit ans, comme tous les directeurs de grandes entreprises et de journaux.

Voilà une longue protestation motivée ; je proteste encore en écrivant la lettre suivante, publiée dans le nº 5 de la *Réalisation d'Icarie*:

1re *Lettre du Cit. Cabet à Louis-Napoléon.*

» Nauvoo, 10 septembre 1849. »

« Citoyen Président de la République,

» Lorsque, quelques mois avant la Révolution de Février, les Agens de Louis-Philippe me poursuivirent devant le tribunal de Saint-Quentin, et m'accusèrent de soutirer l'argent du Peuple, soit pour préparer une armée, des vaisseaux et des armes, afin de renverser le Gouvernement, soit pour m'enrichir des dépouilles des pauvres travailleurs, quelque contradictoire, absurde, déloyale et infâme que fût cette accusation, elle n'avait rien de bien étonnant, puisqu'elle était lancée au nom d'une Monarchie qui s'efforçait de se rendre absolue et qui se montrait ennemie systématique de toute réforme et de tout progrès : mais que la même accusation d'escroquerie soit renouvelée par les Agens de Louis-Napoléon, au nom d'une *République* qui se dit *honnête et modérée*, n'est-ce pas une monstruosité?

» Que l'accusateur monarchiste ait osé soutenir, avant le premier départ Icarien, que le projet d'émigration et de colonisation n'était qu'un mensonge et une ruse, on peut le concevoir, quand les ennemis du Communisme Icarien affirmaient sans cesse que je ne partirais jamais moi-même; mais qu'un accusateur républicain ose douter encore et m'accuser après huit expéditions d'émigrans Icariens, quand je suis parti moi-même, bravant toutes les fatigues, toutes les souffrances et tous les périls pour venir à 3000 lieues partager le sort de mes Frères, réparer un premier désastre et dévorer la douleur d'entendre les regrets et les plaintes de ceux que le revers rendait injustes jusqu'à la folie; qu'on m'accuse encore, dis-je, dans ces circonstances, n'est-ce pas incroyable?

» Cependant, pourquoi l'absurdité dans l'accusation serait-elle incroyable, surtout pour vous? Est-ce que toutes les accusations contre le Communisme et contre moi, qu'on désigne comme son chef, ne sont pas des mesures *politiques*, et la politique n'emploie-t-elle pas les *coups d'état* de toute espèce pour satisfaire ses passions et ses intérêts? N'avez-vous pas été accusé, condamné, prisonnier, sacrifié par la politique?..... Et quand nous nous sommes rencontrés à Londres, tous deux exilés, n'est-ce pas la politique qui nous avait envoyés en exil?

» Pour moi, rien n'est incroyable en fait de violence et de mensonge politiques, quand je considère que le Gouvernement provisoire, M. de Lamartine et la Garde nationale, ont fait crier et ont crié *à bas les Communistes! mort à Cabet!* et quand je me rappelle que les journaux réactionnaires m'ont dénoncé comme étant sur un cheval blanc à la tête de 200,0.0 insurgés le 16 avril, comme envahissant l'Assemblée à la tête du Peuple le 15 mai, comme dirigeant et commandant les barricades du faubourg Saint-Antoine le 23 juin, tandis que j'étais complètement étranger à tous ces mouvemens.

» Ce n'est sans doute pas le défaut de succès dans la première tentative de colonisation Icarienne au Texas qui légitime à vos yeux l'accusation dirigée contre moi; car, que de milliers d'autres désastres bien autrement funestes n'ont été suivis d'aucune accusation! Et que diriez-vous si on accusait votre famille pour les désastres de Jaffa, de Moscou, de Waterloo, et vous-même pour ceux de Strasbourg et de Boulogne, et maintenant de votre colonie Algérienne?

» Vos agens ne craignent pas de lancer contre moi, en votre nom, l'ignoble accusation d'escroquerie dans une des plus grandes entreprises sociales et politiques dont fasse mention l'histoire de l'Humanité, quand une longue vie d'abnégation, la notoriété publique et le dévoûment le plus manifeste, se réunissent pour protester contre une si infâme calomnie: mais dans une accusation si grave, l'impartialité, vous n'en disconviendrez pas, est un impérieux devoir de la part des officiers de la justice. Eh bien! quand l'immense majorité des colons Icariens proteste contre l'accusation, on reçoit les dénonciations occultes de quelques déserteurs, traîtres et parjures; on profite de mon absence à 3000 lieues pour exploiter la calomnie contre moi; on m'enlève mes registres et mes papiers; on essaie d'expulser de France l'ami dépositaire de ma confiance et de mon mandat, qui seul peut me représenter et me défendre; on l'emprisonne sous le prétexte le plus évidemment faux; on le met au secret; on le tient deux mois prisonnier; en un mot, on rend toute défense impossible pour moi: n'est-ce pas, je vous le demande, de la partialité et la partialité la plus révoltante?

» Mais d'ailleurs, comment avez-vous pu souffrir que, en votre nom, vos

7

agens se permissent contre moi une accusation si odieuse ? Avez-vous donc oublié que, en 1839, quand vous étiez comme moi exilé en Angleterre, vos amis, les généraux Vaudrey et Montauban, me pressèrent longtemps de consentir à recevoir votre visite; que vous vîntes enfin trois ou quatre fois me visiter, dans le désir de m'attacher à votre cause ; et que, si j'avais eu la moindre ambition et la moindre cupidité, je n'aurais pas eu la peine de m'avilir et de me déshonorer pour arriver avec vous au pouvoir, aux honneurs et à la fortune ?

» Oui, comme beaucoup d'autres, vous devez en être convaincu, il n'y a pas de trésor sur la terre qui ait pu m'engager à sacrifier ma conscience; et dire que, avec ma vie tout entière, avec mon caractère, avec mes études et mes travaux, j'ai pu, par une insatiable soif de l'or, dépouiller des malheureux pour m'enrichir, en m'exposant infailliblement à leurs cris unanimes, c'est une absurdité en même temps qu'une abominable calomnie.

» Cependant, quoique le tribunal de Louis-Philippe, à Saint-Quentin, n'ait pas même voulu autoriser la poursuite, les juges de la République ou les vôtres l'ont autorisée; et quand cette lettre arrivera à Paris dans la première quinzaine d'octobre, j'aurai été condamné sans avoir été entendu.

» Je me résigne, mais je PROTESTE.

» Je proteste contre la dénonciation, contre les calomnies, contre la partialité, contre l'erreur et l'injustice.

» Je ne sais pas si, persévérant dans mon œuvre de dévoûment, il me sera donné de revoir ma Patrie et de m'y faire rendre enfin justice ; mais je ne cesserai de protester que ma condamnation, comme les cris de mort poussés contre moi le 16 avril, seront quelque jour une HONTE pour la République et pour la France.

» Du reste, pendant le procès de Saint-Quentin, en février je voulus écrire à Louis-Philippe une lettre dans laquelle je lui aurais dit que toutes les persécutions de la Monarchie contre le Communisme n'arrêteraient pas ses progrès; et je puis vous dire à vous aujourd'hui que, malgré toutes les calomnies et toutes les persécutions, le COMMUNISME a plus de chances que L'EMPIRE.

» CABET.

§ VIII. — Audience du 27 septembre.

Au 27 septembre, je ne connais la poursuite que depuis trop peu de temps pour qu'il me soit possible d'abandonner la Colonie et de me rendre à Paris. Je ne puis même envoyer aucune pièce et aucune observation, puisque je ne connais rien d'une procédure secrète et mystérieuse.

C'est vainement que l'avocat de Krolikowski, *Henri Celliez*, demande un nouveau délai jusqu'en avril ou mai, le Tribunal, composé de M. Jourdain, président, Carra-Devaux et Sevestre, décide qu'il va juger l'affaire.

§ IX. — Interrogatoire du prétendu complice.

On commence par l'interrogatoire de Krolikowski. Le président parle continuellement de manœuvres frauduleuses pour *persuader l'existence* d'une *fausse entreprise;* il dit que la base du procès repose sur la question de savoir si la fondation de la Société était une opération *sérieuse*, cas auquel il fallait songer *sérieusement* à l'établir, ou bien si elle n'était qu'un motif de s'approprier le bien d'autrui, ce qui constitue l'escroquerie.

Fausse entreprise ! Entreprise qui n'existe pas réellement ! Société non sérieuse, dont on ne s'occupe pas sérieusement ! Non, un jour on ne voudra pas croire à une pareille accusation !

Du reste, le Président semble à tout le monde extrêmement prévenu contre l'accusé principal et disposé à le croire coupable, ce qui peut avoir une très fâcheuse influence sur la direction des débats en interrogeant, soit l'accusé, soit les témoins, qu'il peut encourager dans leurs mensonges en paraissant croire à leur sincérité. Et s'ils mentent effectivement ! S'il se trompe dans sa confiance et ses raisonnemens !..... Et moi, ancien avocat et docteur en droit, ancien Procureur-général, ancien Député, je soutiens que les témoins mentent ou se trompent, et que le Président (auquel je puis bien me comparer en fait d'instruction, de logique et d'expérience), se trompe complètement dans sa confiance et dans son argumentation.

§ X. — Déclarations des témoins.

On entend 25 témoins, tous appelés par l'accusateur contre moi, presque tous réclamant de l'argent, presque tous parties adverses et intéressées, par conséquent suspects et indignes de confiance.

Mais tous vont déposer avec audace, comme s'ils étaient enhardis par mon absence ou rassurés par quelque protection inconnue.

1er témoin, Gosse. — Je me suis séparé de M. Cabet parce qu'il s'occupait de *politique*, ce qui me semblait contraire aux principes.

Le Président. — Citez-nous quelques actes à l'appui de votre opinion sur le changement de M. Cabet. — R. Je l'avais entendu dire dans des réunions qu'il fallait combattre le gouvernement et au besoin prendre le fusil.

Cela est faux : mais d'ailleurs qu'est-ce que cela a de commun avec une accusation d'escroquerie ? De la part du témoin et de celle de l'interrogateur, n'est-ce pas une affaire politique ?

Devant le juge d'instruction, Gosse avait dit que l'on n'avait pris aucune précaution pour le bien-être des colons; mais devant le Tribunal il avoue que lors de l'embarquement il avait trouvé *tout parfait* et que les mesures étaient *bien prises*, ce qui exclut toute idée d'escroquerie.

Il reconnaît la lettre infernale écrite par lui à l'Avant-Garde dans le Texas (p. 67), pour leur dire que je les avais *abandonnés*.

Il avoue qu'il avait à cette époque essayé de fonder une autre colonie au Brésil, en sorte que c'est probablement dans l'intérêt de cette nouvelle opération qu'il cherchait à perdre la Colonie Icarienne.

En somme, cette déposition, qui paraissait la plus importante de l'instruction, montre de la méchanceté sans contenir un seul mot pour l'escroquerie !

2ᵉ témoin, TEYSSIER, de la première Avant-Garde, commence par déclarer qu'il n'a *point à se plaindre* de M. Cabet. Mais quand il ajoute : « Nous avions tous des instrumens d'agriculture, mais ils » n'étaient pas convenables pour le pays, où il faut commencer par le » défrichage, » le Président ajoute : « Ainsi, les renseignemens n'avaient » pas même été pris sur les outils nécessaires ? » Mais c'était la faute de l'Avant-Garde, qui devait acheter les outils qui lui manquaient, et cela ne pouvait pas constituer une escroquerie !

3ᵉ témoin, ROUSSET, de la première Avant-Garde. Il reconnaît que l'agent de la compagnie Peters leur a délivré des terrains, et néanmoins il prétend qu'il n'y avait pas de traité Peters, ce qui prouve son ignorance et sa témérité. Il avoue que M. Cabet avait remis à l'Avant-Garde 11,000 fr.; que la deuxième Avant-Garde avait apporté quelque argent, et que l'agent Peters leur avait ouvert un crédit ; mais il prétend qu'ils n'en étaient pas moins dans une misère affreuse.

Il prétend qu'il a écrit à sa femme de ne pas venir et surtout de ne rien remettre à Cabet, qui était un *fripon*, ce qui est une pure insolence, qui n'est réprimée par personne.

Il avoue qu'à son retour il s'est présenté au bureau du *Populaire*, sur le conseil de Gosse, pour demander une malle (envoyée en Amérique); qu'il a menacé de porter plainte si on ne lui livrait pas la malle ou 300 francs; qu'il s'est présenté chez Mme Cabet pour lui demander la malle; et que, cette dame lui ayant répondu qu'elle ne l'avait pas, il s'était mis en *fureur* et l'avait *menacée*.

Il l'avait en effet menacée, chez elle, d'y tout briser et de la tuer avec sa fille !...

Ainsi, en mon absence, ma famille se trouve exposée aux violences et aux menaces de cet homme brutal ! Et il semble s'en vanter en présence du tribunal !

Pour repousser son allégation de misère affreuse au Texas, de mécontentement extrême de sa part, et de lettre écrite à sa femme pour l'empêcher de venir, on lui oppose la lettre suivante dont on donne lecture :

« 26 mai 1848.

» Ma chère amie,

» Nous sommes en Icarie, dans un pays magnifique sous tous les rapports, et notre logement est sur le point d'être fini, sur un site délicieux, entre deux jolies petites rivières. J'ai été tellement occupé à ces derniers travaux que je n'ai pas trouvé un moment pour t'écrire plus tôt pendant les quatre jours depuis lesquels nous sommes au but de notre voyage. Nous avons eu de grandes difficultés, parce que nous avons pris le chemin le plus long et le moins beau et que le transport de nos bagages nous a donné beaucoup d'entraves. Mais, aujourd'hui plus d'entraves, si ce n'est que pour nos constructions et notre culture, sur un riche pays et le rendre le plus beau possible, chose qui nous sera très facile avec de tels hommes que nous, car nous travaillons avec courage pour recevoir le grand départ. Il me tarde bien de te voir arriver.

» Si j'ai un conseil à donner à mon frère, c'est de venir avec toi, nous serons tous heureux, car dans ce riche pays tout y pousse à merveille. Nous avons des treilles qui ont cent pieds de hauteur remplies de raisins; nous serons obligés de vendanger sur les arbres; les grains sont déjà de la grosseur d'un pois. Je pense que dans un mois nous irons en vendanges. Tout pousse bien plus vite qu'en France; nous avons vu un champ de froment moissonné dans les premiers jours de mai...

» Nous avons fait comme les vieux soldats de Napoléon, nous avons couché sur la terre sans nous décourager; au contraire, quand il nous tombait un bon orage sur le dos nous faisions, par nos chants, plus de bruit que le tonnerre. Tu vois que le climat d'Icarie est plus sain que celui de France, car pas un de nous n'a été malade.

» Nous sommes comme au mois de juillet en France; mais les vents rafraîchissent beaucoup l'air. Nous n'avons pas encore vu un animal malfaisant : il y a beaucoup de cerfs et de gibier en général, ainsi que volailles, dindes, oies, canards sauvages, perdrix, alouettes : enfin c'est un des plus beaux pays du monde. »   Rousset.

(*Populaire*, du 20 août 1848, numéro 76.)

On devine l'effet produit sur l'auditoire par la lecture de cette lettre, qui prouve qu'il n'avait alors aucune objection ni contre moi, ni contre rien, et qu'il se trouvait tellement heureux qu'il pressait sa femme et son frère de venir le rejoindre au plus vite.

On croit sans doute que ce malheureux reste confondu, muet! mais non! Comme s'il était depuis longtemps rassuré, encouragé, sûr de son affaire, il répond hardiment : « J'avais fait deux petites croix, comme j'en » étais convenu avec ma femme, pour lui indiquer que rien de tout cela » n'était vrai, qu'elle devait croire tout le contraire et penser seulement » que j'étais vivant. »

A ces mots, l'avocat de Krolikowski, *Henri Celliez*, s'écrie :

« Le tribunal entend ce que dit cet homme! Le tribunal comprend, mais certainement il ne le croit pas. Un vieil adage du droit romain dit qu'on ne doit pas croire l'homme qui affirme sa propre *turpitude*. Quel turpitude en effet! Quoi! cette lettre ne contiendrait que des choses fausses? Rien de vrai, tout est mensonge! Mais, quel abominable rôle prétend-il avoir joué, cet homme? Il appelait à venir sa femme, son frère, ses amis les Communistes, et il les trompait! Ce n'est pas Cabet qu'il faut demander compte des échecs d'Icarie, c'est à ces gens-là !

» Est-ce qu'il est digne d'être cru en justice, celui qui avoue qu'il a voulu tromper, qu'il a menti, et par ce mensonge, tendu un piége aux amis qui se confiaient en lui ?

Ainsi le malheureux m'aurait trompé et aurait trompé tous les Icariens, qui devaient nécessairement connaître sa lettre ! Il nous aurait trompés tous, sachant que cette tromperie pouvait déterminer de funestes départs ! Ne serait-ce pas un misérable, un infâme !

Mais il ment évidemment aujourd'hui, car sa lettre ressemble à toutes les lettres (des centaines) écrites alors par tous les Icariens de la première Avant-Garde. Et s'il ment aujourd'hui pour me faire condamner comme escroc, n'est-ce pas encore un misérable et un infâme ?

Et quand, à Nauvoo, j'apprends ces détails, ne dois-je pas être bien étonné de voir que le Procureur de la République, si ardent à m'accuser, n'a point de flétrissure pour une pareille infamie, surtout quand ce malheureux est le seul membre de la première Avant-Garde qui vienne m'attaquer ainsi, quand tous les autres et toute la Colonie avec la masse des Icariens protestent contre ses mensonges et ses méchancetés !

Quant à la femme de ce témoin, entendue le 17e, elle insinue que M. Cabet l'a fait partir malgré elle en la trompant, en lui cachant les mauvaises nouvelles pour avoir son argent... Et c'est encore une infamie de la part de cette femme ; car personne ne connaît mieux mon désintéressement puisque 1° j'avais refusé (par esprit de simplicité et d'égalité) un beau fauteuil en acajou qu'elle avait acheté par un stupide esprit de vanité ; 2° je l'avais fait partir *sans apport* parce que la Révolution lui avait enlevé ses économies en la privant de travail et de gain ; 3° je ne voulais pas la faire partir aussi tôt (le 2 novembre) à cause de son défaut d'apport ; et c'est elle qui m'a prié, supplié, conjuré, même en quelque sorte forcé en me menaçant de se tuer de désespoir : on me dit même alors qu'elle deviendrait folle si je ne la faisais pas partir bientôt et qu'elle était capable de me tuer dans sa folie.

Et ce sont ces gens-là qui m'accusent d'escroquerie en mon absence !....

4e témoin, ROUSSEAU, de la deuxième Avant-Garde. — On l'interroge sur la situation et la navigation de la Rivière-Rouge. Il répond très bien. Mais à quoi ces questions pour l'escroquerie ?

D'ailleurs dans l'instruction écrite, ce témoin avait dit :

« Malgré les malheurs qui m'ont assailli ainsi que mes camarades, je ne puis croire que M. Cabet soit de mauvaise foi ; je suppose seulement qu'il a été trompé par de faux rapports. »

Cela seul n'aurait-il pas dû suffire pour empêcher l'accusation d'escroquerie ?

5e témoin, BALE, tailleur de pierres, de la deuxième Avant-Garde. — Il dit que, en revenant, il a été obligé de demander asile à un *Indien* ; que, en continuant sa route, il a été obligé de s'arrêter dans une ferme, et d'y construire un four pour gagner sa vie ; et que, pour avoir son passage sur un navire, il a été obligé d'y travailler comme matelot.

Qu'est-ce que tout cela prouve pour la question d'escroquerie ?

6e témoin, CHAPRON, de la deuxième Avant-Garde, bijoutier. — Il se plaint que le voyage était fatigant ; que le délégué leur faisait faire des marches très pénibles, le fusil sur l'épaule, le sac au dos, par une grande chaleur ; qu'ils étaient quelquefois obligés de traîner leurs charriots et de faire les *bœufs*...

Mais à quoi tout cela sert-il pour une question d'escroquerie ?

7e témoin, Mme POLY, fiancée de Chapron, devait partir ; mais les mauvaises nouvelles l'en ont empêchée.

J'aurais ajouté, si j'avais été présent, que c'est moi qui l'ai empêchée de partir et que je lui ai rendu immédiatement son apport.

8e témoin, Julien CHAMBRY, sous-délégué pour la deuxième Avant-Garde. — Devant le juge d'instruction, il a fait une déposition très méchante et très dangereuse : il a dit notamment que Lévy avait versé 8,000 fr., ce qui était faux et ce qui semblait m'accuser dangereusement parce que nos livres ne mentionnaient pas ce versement : mais devant le tribunal, il reconnaît que c'est une erreur, ce qui ne répare pas le mal qu'elle a pu faire.

Il insinue que j'ai supprimé des lettres écrites à Shrèveport, pendant la retraite, fin septembre, pour empêcher sa famille de partir ; mais c'est une méchanceté, car les lettres ne sont arrivées qu'après le départ de sa famille, et son père a toujours exprimé son respect pour moi (p. 77).

9e témoin, DELAHAIE, non Icarien. — Il parle des lettres de Chambry. Sa déposition est insignifiante.

10ᵉ témoin, DUBUISSON, de la deuxième Avant-Garde. — Il avoue qu'il n'est parti que parce que les affaires allaient mal en France, et parce qu'il croyait à la réalité d'une grande concession de terre. Ainsi, il partait par égoïsme, par cupidité, sans dévoûment, et par conséquent il trompait!.

Il affirme qu'il n'y avait pas de traité Peters : mais il ment ou se trompe grossièrement!

Il se plaint de la chaleur, des chemins, de la fatigue... Mais au lieu d'être de l'escroquerie de ma part, n'est-ce pas de la lâcheté de la sienne?

11ᵉ témoin, KOELHER, non Icarien. — On devait lui remettre 400 fr. : on les lui a remis.

12ᵉ témoin, CARNET, anti-communiste (celui qui a été si insolent, dans le *Constitutionnel*, contre les Icariens et contre moi). — Il garde aujourd'hui le silence où ne dit que quelques choses insignifiantes, en sorte que l'accusateur public lui fait remarquer que sa déposition devant le juge d'instruction était bien plus longue, puisqu'elle avait trois pages; mais il répond qu'il ne se rappelle plus rien, après avoir déterminé peut-être l'ordonnance autorisant la poursuite.

13ᵉ témoin, POIRET, de la deuxième Avant-Garde. — Il ne se plaint aucunement.

14ᵉ témoin, DECROQ, cordonnier, du premier grand départ — M. Cabet, dit-il, connaissait le désastre, quand il nous a fait partir; il nous a *trompés.*

Je dirais que ce malheureux est méchant s'il n'était pas trop ignorant et trop bête pour qu'on fasse attention à ce qu'il dit. Même après l'arrivée à la Nouvelle-Orléans, il me témoignait du respect; il voulait nous suivre à Nauvoo; il nous aurait suivis, s'il n'avait pas rencontré à la Nouvelle-Orléans un boutiquier qui consentait à l'associer à sa boutique; je lui remis 400 fr., même 25 fr. de plus; et parce qu'il s'est brouillé avec son associé, il veut me tuer moralement!

15ᵉ témoin, femme DECROCQ. — Elle dit que M. Cabet les a *trompés* en leur affirmant qu'Icarie était fondée.

Mais c'est un infâme mensonge! Tout le monde le sait. Je ne conçois pas ce qui a pu changer et métamorphoser ainsi cette femme et son mari; car ils étaient zélés et paraissaient dévoués; ils me priaient, me conjuraient, me pressaient de les admettre pour le premier grand départ. Dans la réunion qui précéda le départ, comme je communiquais les nouvelles inquiétantes que je venais de recevoir, et comme j'engageais à renoncer au départ ceux qui hésiteraient, cette femme, s'écria, dans l'Assemblée, qu'elle irait au secours de nos frères, quand même il faudrait y aller à pied !

Et la malheureuse m'attaque aujourd'hui !

16e témoin, femme ROUSSET. — V. ci-avant, après le 3e témoin.

17e témoin, ROUSSET frère. — Il ne sait rien.

18e témoin, BERTRAND, de Lyon, du premier Grand-Départ. — Il dit qu'on l'a trompé par de belles peintures et par de belles promesses ; qu'au Havre il s'est opposé à la remise des bijoux ; mais tout cela est, non pas une erreur, mais une inexcusable fausseté. Tout le premier Grand-Départ connaît la scène du Havre : je ne voulais pas laisser partir la femme Bertrand, parce que j'avais de graves reproches à lui faire ; le mari désespéré me suppliait de révoquer ma décision et menaçait de se noyer dans le port ou de se brûler la cervelle ; les femmes en masse sont venues me solliciter de les laisser partir en m'affirmant qu'ils avaient promis une bonne conduite.

Je me laissai fléchir, à la condition que, s'ils se conduisaient mal pendant le voyage, on les refuserait à la Nouvelle-Orléans en leur rendant leur apport. Leur conduite ayant été complétement anti-Icarienne, on les a repoussés à l'arrivée et on leur a rendu 1,800 fr. Ils n'ont donc pas le moindre reproche à faire ni à la Communauté ni surtout à moi, ce qui n'a pas empêché le mari de faire insérer une lettre infâme dans les journaux de Lyon et dans le *Constitutionnel* à Paris. Voici cette lettre :

« Nouvelle-Orléans, 15 décembre 1848.

» En vous quittant, le 29 octobre, j'étais loin de prévoir tous les malheurs qui devaient bientôt fondre sur nous. Quant à la navigation, elle a été des plus heureuses, nous sommes arrivés en trente-cinq jours. Tout ce que vous m'aviez dit sur le *compte de Cabet et des hommes* qui partaient avec nous, n'était que la pure vérité. Nous avons beaucoup souffert en mer de leur *brutalité*. Lorsqu'il ne nous était plus possible de reculer, Cabet et ses acolytes ont fait remettre tout l'argent qui restait à chaque partant ;...... tous les objets de quelque valeur devinrent leur *proie*; moi seul je leur résistai, je ne voulus consentir à rien, je restai possesseur de tout ce que j'avais ; mais peu s'en est fallu qu'il ne m'en *coûtât la vie* et à ma femme..... Au bout de cinq jours, nous fûmes tous deux *hors de danger*. Il n'est pas besoin de vous dire que je me suis hâté de me *séparer* d'une telle société, car nous avons été menacés d'être *jetés à la mer*; mais nous avons paré le coup, car moi et Bernoux nous étions armés jusqu'aux dents. Bref, toute cette *canaille* a eu le sort qu'elle méritait. La majorité sont tous des gens de la pire espèce.

« Aussitôt que nous avons été à terre, ma femme a couru chez le consul français et a obtenu l'autorisation de nous faire *rembourser quelques centaines de francs*.

» Quant aux autres, je viens d'apprendre qu'ils *se sont battus* dans leur nouveau domicile pour la distribution des *vivres*. Ainsi, tout est à peu près perdu quant à la colonie.

Voilà la lettre de ce malheureux Bertrand, mené par sa femme et par son prétendu neveu Bernoux; sa rédaction n'est qu'un tissu de mensonges sur tous les faits; et son envoi au *Constitutionnel* est une infamie contre les Icariens comme contre moi.

19ᵉ témoin, femme BERTRAND. — Elle dit :

« La traversée nous avait bien éclairés. On parlait de Communauté, d'Égalité ; eh bien, pendant que nous étions tous ensemble, il y avait des tolérances, des partialités pour les uns ; j'étais furieuse et je voulais battre le délégué ; je suis allée trouver le consul français qui m'a promis son appui. Oh si j'avais tenu Cabet entre mes mains, il aurait passé un mauvais quart d'heure !

N'est-elle pas bien douce, bien gentille, bien digne d'admiration et de confiance, cette femme qu'on dit avoir eu longtemps l'avantage d'avoir été dirigée par les Jésuites ? Et qu'est-ce que tout cela à de commun avec l'accusation d'escroquerie portée contre moi au sujet de la première Avant-Garde ?

20ᵉ témoin, BERNOUX de Lyon, prétendu neveu de Bertrand. — Il ne dit rien, si ce n'est que les querelles sur le navire avaient toujours lieu pour les *vivres*... Et c'est moi qu'on en rend responsable !

21ᵉ témoin, BOTEY. — C'est son frère, tisserand à Vesoul, qui est parti en novembre et qui l'a chargé de réclamer 600 fr. Il demande à déposer une lettre du 12 août dernier qu'il vient de recevoir de son frère, et le Procureur de la République en donne lui-même lecture, quoique cette lettre soit absolument étrangère à l'entreprise du Texas.

» Sur 500 émigrans, il ne lui en restait plus, au premier mars 1849, que 280 individus de tout âge et de tout sexe, et pouvant se catégoriser ainsi qu'il suit :

» 1° Environ cent-dix invalides, dont 50 malades et soixante enfans.

» 2° Soixante créatures passives n'ayant ni opinion ni volonté leur appartenant.

» 3° Quatre-vingt-dix personnes qui, de gré ou de force, ont suivi la bande avec l'espoir qu'une prochaine débâcle leur permettrait de rattraper une partie de ce qui leur avait été arraché par la ruse.

» 4° Et enfin vingt individus composant la garde du corps de Cabet, remplissant avec cela les fonctions de gardes chiournes, et se faisant les créatures des hautes œuvres du grand potentat d'Icarie ; c'est sur la férocité et l'abrutissement de cette vingtaine d'individus que ce dernier s'appuie quand, répondant parfois aux résonneurs mécontens, il leur dit tout brièvement : « Vous n'ayez pas de volonté ici, taisez-vous. »

» Au bout de quelques jours, le choléra les avait atteints par la raison qu'ils étaient entassés dans un bateau à vapeur absolument comme de la marchandise, tandis que Cabet lui-même, avec deux autres de ses âmes damnées, était logé parfaitement au large et bien aéré dans une des *chambres du capitaine.* »

C'est un mensonge ; car j'étais à l'entre-pont avec eux, couchant avec eux, mangeant avec eux et comme eux, ne les quittant jamais, soignant les malades, exposé au choléra comme eux et plus qu'eux. Tous le savent ! C'est donc le plus audacieux mensonge, le plus méchant, le plus infâme !

Et il parle longuement de Nauvoo, des enterremens, des mariages, de la *sauvagerie* organisée par Cabet, toujours en mentant, en insultant les Icariens comme moi-même.

Mais comment l'Accusateur public peut-il lire une pareille lettre s'il ne la connaît pas, sans savoir si elle est relative ou étrangère à l'accusation d'escroquerie, si elle est convenable ou injurieuse ? Et s'il la connaît, ce qu'il est difficile de ne pas croire, comment peut-il la lire ? N'est-ce pas de la partialité, de l'abus de pouvoir ?

22e témoin, HARDIER, parti le 22 novembre. — Il prétend que j'avais abandonné la propagande pour ne m'occuper que de politique ; et que, sur le vaisseau, le délégué avait peu d'égards pour les malades : mais c'est un grand lâche qui, après m'avoir supplié de le faire partir sans apport, a eu peur du mal de mer et a profité d'une relâche dans un port d'Angleterre pour revenir en France. Il m'a demandé de l'argent ; et parce que je n'ai pas voulu lui en donner, il m'a attaqué dans le *Constitutionnel* !...

23e témoin, femme BOCQUERELLE. — Cette femme, dont le mari était parti le 28 septembre, qui était partie elle-même le 22 novembre, et qui après une tempête qui les a jetés dans un port d'Angleterre était descendue, avec Hardier, pour revenir en France, se plaint que M. Cabet l'a trompée par de *belles promesses* en l'assurant qu'Icarie *était fondée*. Mais elle ment effrontément ; je ne voulais pas la laisser partir ; c'est elle qui m'a supplié et en quelque sorte forcé de la faire partir avec ses trois enfans ; quand elle est revenue, je l'ai cherchée à Boulogne (par où elle devait revenir) pour lui remettre 200 fr., que je lui ai remis en effet. C'est une malheureuse dont on se sert comme d'instrument. Elle a eu peur de la tempête, voilà tout ! Et comment cela prouve-t-il l'escroquerie envers la première Avant-Garde ?

24e témoin, DABAT. — Il réclame l'argent apporté par son frère mort à Nauvoo du choléra et par sa belle-sœur morte en route d'une ancienne maladie de poitrine ; il dit que son frère lui a écrit une *lettre* qui arrachait des larmes (et qu'il a probablement fait circuler) ; mais je ne la connais pas, et il ne dit rien sur l'escroquerie. Pourquoi donc l'a-t-on fait venir comme témoin ?

25° témoin, QUENO, expert, nommé sans mon concours pour examiner mes livres. — Il reconnaît que les écritures sont *régulières*; que M. Cabet a reçu 241,000 fr. pour Icarie et qu'il a dépensé pour elle 250,000 fr.; mais il signale que beaucoup de dépenses ne sont pas accompagnées des reçus écrits, par exemple les sommes payées pour le chemin de fer, pour les navires, et celles remises aux délégués pour les neuf expéditions.

Mais toutes ces dépenses, connues de toute l'Emigration, sont incontestables et incontestées, même par l'accusateur qui reconnaît qu'il ne peut pas citer une somme quelconque dont j'aurais personnellement profité. D'ailleurs, ce n'est pas moi qui pouvais tenir les livres et qui les tenais; avec du temps, on se procurerait la preuve de toutes les dépenses, ce qui ne se fait jamais. D'ailleurs encore, les écritures ont été souvent vérifiées par la Société, des comptes lui ont souvent été rendus, et jamais aucune dépense portée sur les livres n'a été contestée ou même suspectée.

En résumé, toutes ces dépositions des témoins ne contiennent rien, absolument rien pour appuyer une accusation d'escroquerie. Et cependant le Procureur de la République va soutenir cette accusation; voyons!

§ XI. Réquisitoire de l'accusateur.

Que ne puis-je aussi répondre à l'accusateur dont le réquisitoire n'est qu'un amas d'erreurs et de contradictions, qui par exemple affirme que *le plus grand nombre* des Icariens meurt sur le terrain, tandis qu'il n'en meurt que huit sur quatre-vingt-quinze, et qui soutient l'accusation d'escroquerie, tandis qu'il m'attaque comme un *novateur*, comme un *réformateur*, comme un *utopiste* qui a *entrepris* de mettre en *pratique* et de *réaliser* une *belle théorie*, et qui a demandé des partisans et des capitaux pour entreprendre cette réalisation!

Puisque vous reconnaissez tout cela, pourrais-je lui répondre si j'étais présent, je ne puis pas être un escroc; il est impossible que je sois un escroc à vos yeux; abandonnez donc votre accusation d'escroquerie!

Mais il persiste en entassant les subtilités, les arguties sur des pointes d'aiguilles, les équivoques, les méprises, les erreurs et les inconséquences.

Il soutient qu'il n'y a pas de concessions de terres faites par Peters, et cependant il cite la lettre de Peters publiée par le *Populaire* du 29 octobre 1848, dans laquelle Peters dit qu'il m'a *concédé* et qu'il a mis à mon entière *disposition* un *vaste terrain*, et qu'il regrette que la révolution m'ait empêché d'y envoyer *dix mille* Icariens (qui auraient obtenu plus d'un million d'acres) dans l'intérêt des *deux parties contractantes* !

« Si vous avez un titre, s'écrie-t-il, montrez-le au Tribunal. » Et il sait que je suis à trois mille lieues, et que je ne puis pas même soupçonner que l'on mette en doute cette concession Peters, dont la preuve écrite a été produite au tribunal de Saint-Quentin, et dont l'existence est si formellement reconnue par la lettre qu'il a citée lui-même.

Toute l'accusation va s'appuyer uniquement sur ce prétendu fait qu'il n'y avait *pas d'acquisition de terrain*, PAS DE TRAITÉ PETERS; c'est là tout le procès. — Hé bien, je le déclare hautement, en présence du Monde entier, la représentation du traité Peters n'était nullement nécessaire, parce que l'existence de ce traité et de la concession du terrain était incontestablement prouvée 1° par le procès de St-Quentin (ci-avant p. 42 et suiv.) ; 2° par la lettre Peters, qui vient d'être citée. Par conséquent, je le déclare encore hautement, l'accusation d'escroquerie est sans aucun fondement pour l'accusation.

Cependant, il se permet de m'accuser d'être un novateur *sans entrailles et sans cœur*, comme si, présent, je n'aurais pas pu lui répondre que je ne pouvais voir dans cette accusation inutile qu'un outrage gratuit et une calomnie !

Il reconnaît que je n'ai pas tiré de l'émigration Icarienne un profit en argent; mais il prétend que j'en ai tiré un profit de renommée, de popularité, d'*ambition* électorale, et que cela suffit pour qu'il y ait escroquerie.

C'est-à-dire que le procès n'est évidemment rien autre chose qu'un procès *politique*, dans un but *politique*, et je vais le démontrer jusqu'au dernier degré d'évidence.

§ XII. — C'est un procès exclusivement politique.

Nous avons déjà vu (p. 81 et suiv.) l'acharnement des journaux réactionnaires contre le Communisme et contre moi, acharnement qui révèle une passion politique, un but politique.

Voici encore le *Constitutionnel* du 22 janvier 1849 qui le manifeste clairement dans un article intitulé l'*Icarie de M. Cabet*.

« Nous avons publié, à propos de l'Émigration Icarienne, un certain nombre de documens. On n'a pu méconnaître le but de cette publication. Nous avons voulu constater les conséquences et le sort d'un des essais pratiques des utopies socialistes. »

Voilà le but des journaux réactionnaires et du *Constitutionnel* bien déterminé : c'est l'hostilité contre le Socialisme et le Communisme.

« Le Procureur de la République a cru devoir ordonner une enquête judiciaire sur les faits relatifs à l'expédition Icarienne: mais il y a un *autre procès* qui doit s'instruire en même temps, par la voie de la publicité, *au tribunal de l'opinion.* »

Ainsi les journaux réactionnaires s'érigent en juges pour tuer le Communisme !

« L'établissement Icarien est l'une des tentatives les plus *solennelles* qu'ait essayées le *socialisme*. A ce titre, nous devons en étudier avec une minutieuse attention les curieuses destinées. C'est une excellente occasion *d'apprécier* par des résultats certains les doctrines socialistes..... »

Ce n'est pas la doctrine qu'on peut apprécier par l'essai du Texas, qui, dès le commencement, se trouve embarrassé par des circonstances qui tueraient toutes les entreprises de colonisation.

« Depuis quinze ans, M. Cabet préparait la tentative dont on connaît maintenant la lamentable issue. Par la prédication, par la lecture de ses livres, il avait acquis un empire extraordinaire sur des ouvriers choisis parmi les plus moraux, parmi les plus laborieux ; et il avait réussi à leur inspirer un véritable enthousiasme pour ses utopies. A maintes reprises, pour fonder son journal, pour payer des amendes, pour faire les préparatifs de sa fatale expédition, il a fait appel à leur dévoûment. Ils n'ont point hésité à déposer entre ses mains leur avoir, leurs économies, le patrimoine de leurs familles. M. Cabet a lancé enfin sur les mers les plus fidèles, les plus fervens de ses disciples, qui partaient, pleins d'espoir et d'ardeur, pour élever les murailles de la Jérusalem nouvelle, de la cité de la paix et de la fraternité..... »

Tout ici fait l'éloge des Icariens en général et de leur chef ; tout EXCLUT l'idée d'ESCROQUERIE !

Puis le *Constitutionnel* insère la lettre de Bertrand (p. 105), pour prouver que la doctrine Icarienne est impraticable ; mais sa preuve n'est pas une preuve.

Voyons maintenant l'accusateur public qui, lui aussi, ne voit que de la politique dans le procès.

Le Procureur de la République commence ainsi son réquisitoire :

« Messieurs, depuis longues années les principes sans lesquels aucune Société ne peut exister, ont été violemment attaqués par de *Coupables novateurs.*

» En regard de la peinture mensongère des maux qu'entraîne notre ordre social actuel, ils plaçaient le tableau séduisant d'une Société nouvelle, construite à leur mode, d'après leurs caprices. Là, tout était bonheur ; plus de misère.

Lorsque de ces *rêveries*, de ces *utopies décevantes,* il a fallu arriver à la pratique, lorsque de la théorie on a voulu passer à l'action, la Société a été bien cruellement vengée.

» M. Cabet a voulu réaliser la doctrine qu'il avait professée dans son *Populaire*. (Il n'est donc pas un ESCROC !) Ah ! la *théorie était belle*, mais la pratique a bientôt démenti toutes les promesses du prospectus ; le succès était annoncé, on n'a trouvé qu'un désastre affreux.

» Tous ces malheureux étaient partis la foi au cœur : lorsqu'ils sont arrivés sur le lieu de leur destination, ils n'ont rencontré que la ruine ou la mort.

» La justice a dû accueillir les cris des victimes, des familles éplorées qui sont venues apporter leurs plaintes.

» Vous les avez entendus : tous ont été unanimes ; tous ils ont déclaré qu'on les a entraînés par de décevantes illusions ; que leur confiance, leur foi, a été abusée par une *tromperie indigne* ; tous signalent les manœuvres frauduleuses qui les ont abusés.

» Notre devoir est donc de demander compte à M. Cabet de ses doctrines empoisonnées (donc pas d'ESCOQUERIE !), et de la mort de tant de malheureux dans les déserts du Nouveau-Monde.

» Nous ne voulons pas retracer la vie agitée de M. Cabet ; nous nous bornerons à parler de l'œuvre Icarienne, des manœuvres employées pour en répandre les principes (donc pas pour ESCROQUER !). »

L'accusateur termine ainsi :

« En terminant, ce que nous voudrions, c'est que toutes les larmes versées ne fussent pas stériles et que ce débat fût instructif ; il faut aussi que les *classes ouvrières* auxquelles s'adressent les novateurs, puissent trouver dans cette affaire d'utiles enseignemens ; elles y verront que ces hommes, qui commencent par les flatter pour les entraîner à leur suite, deviennent peu à peu des maîtres impitoyables qui les précipitent, sans souci de leurs vies, dans d'impossibles essais, et qui, seuls debout, après tant de désastres, restent *sans entrailles et sans cœur* pour les souffrances qu'ils ont causées.

» Est-ce à dire que notre Société soit parfaite ? Qu'il n'y ait rien à changer ? Non assurément ; mais il faut améliorer sans détruire. Il faut surtout respecter ces larges assises, la *famille* et la *propriété*, sur lesquelles reposent toutes les Sociétés. Ces utopies, que l'on nous prêche comme des progrès, ne sont en réalité que des pas rétrogrades. A la place de la liberté, qui seule élève l'homme en lui laissant la responsabilité de ses actes, que nous donneraient ces rêves tant vantés ? Un joug insupportable qui révolterait et flétrirait toutes les intelligences. Les utopistes détruisent les principes de la propriété ; ils enlèvent ainsi au travail sa récompense, et à l'activité humaine l'émulation qui la soutient, l'espérance qui la stimule.

» A quel triste résultat ces tristes utopies conduisent-elles ? il est inévitable, il est certain ; la réalisation en est-elle tentée loin de nous, c'est la ruine, c'est la mort pour ceux qui sont les instrumens aveugles de ces folles entreprises : mais se traduisant par des actes, veulent-elles envahir subitement notre Société, c'est l'insurrection qui en est la route ; elles marchent dans le sang des plus dignes citoyens, de ceux qui se dévouent à la défense de la Société, et causent la ruine, la prison, la mort de ceux qui prêtent leurs bras à l'accomplissement de ces criminelles folies. Voilà les résultats indubitables, forcés, de ces créations enfantées par des cerveaux en délire.

» Il est temps enfin que les *Classes laborieuses* ouvrent les yeux à la lumière : ne voient-elles donc pas qu'elles sont toujours prises pour victimes ; sur elles tombe le fardeau de l'insurrection.

Voilà bien de la Politique ? en voici encore ; car on va parler d'élection !

L'accusateur dit : « N'est-ce pas à cette entreprise que Cabet a *dû sa « popularité* ? N'est-ce pas à elle qu'il a *dû la propagation de son » nom* ? Les suffrages électoraux qui lui ont été accordés justifient assez » la réputation qu'il s'était appropriée. A présent, peut-être n'ob-» tiendrait-il plus de pareils succès ! »

Mais ce jeune homme, ignore donc absolument tout ce qui se passe en France depuis trente-cinq ans, et même depuis 1830 : Il ignore donc que j'ai soixante-deux ans, et que je ne suis plus dans l'âge de l'ambition ! Qu'il est facile d'accuser un absent et de le dénaturer en son absence ! Qu'il aurait été confus, ce jeune substitut, si j'avais été là pour lui répondre publiquement, que j'étais connu et que j'avais de la popularité dès 1815, probablement avant qu'il fût né ; que j'étais alors un des chefs de la Fédération bourguignonne, organisée pour défendre l'indépendance et la liberté ; que si j'avais voulu, j'aurais pu être avocat-général dès cette époque ; que je fus poursuivi, dès cette année, pour avoir empoisonné tous mes camarades et le Peuple, en leur faisant adopter, par mon seul exemple, mes principes républicains ; que, comme avocat, mon nom est devenu des plus populaires par des procès célèbres dans lesquels, chargé de défendre les accusés politiques les plus marquans, j'ai eu le bonheur de rendre de grands services au pays en les sauvant, et que dès ce moment l'opinion publique me désignait comme le futur représentant de la Côte-d'Or, aussitôt que la voix du Peuple pourrait se faire entendre ! Puisqu'il l'ignore, je lui aurais appris que j'étais si connu dans le parti populaire dès 1822, que j'ai été élu membre du Comité directeur de la Charbonnerie, avec Lafayette, Manuel, Dupont (de l'Eure), etc. ; qu'en 1830, j'ai été membre de la première municipalité insurrectionnelle ; puis secrétaire intime du ministre de la justice, Dupont (de l'Eure) ; puis nommé procureur-général ; puis destitué à cause de mes principes républicains ; puis élu député en 1831 ! Il était donc alors trop jeune ou trop étranger aux affaires politiques, pour savoir que je passais pour être, à la tribune, l'organe le plus avancé de la Démocratie ; que j'ai été choisi pour diriger la Société la plus nombreuse et la plus populaire, l'*Association libre pour l'éducation du Peuple*, dans laquelle j'ai fait entrer soixante députés ; que le gouvernement m'a fait l'honneur de me signaler comme l'un de ses adversaires les plus influens, de me poursuivre pendant l'état de siège de 1832, et au sujet, soit de mon *Histoire de 1830*, soit de mon journal le *Populaire* ; que plus de cent députés m'ont fait l'honneur de venir assister à ces deux derniers procès, pour me donner un témoignage public d'estime et de sympathie ; que le dernier procès, pour deux articles en faveur des *Polonais* et de la *République*, aurait peut-être été le signal d'une révolution, si je n'avais pas moi-même conjuré le Peuple de rester calme ; que, après ma condamnation, les écoles et la jeunesse vinrent en masse me complimenter ; que, réfugié en Belgique, j'en fus expulsé sur la demande de la police de la Sainte-Alliance, comme le représentant de la République ; que, revenu d'exil en mai 1839, je publiai plusieurs écrits, notamment une *Histoire populaire de la Révolution Française*, et dix brochures politiques contre les bastilles, qui eurent une grande publicité, qui me valurent les attaques du *National*, une proposition de duel de sa part, deux procès avec lui, de nombreuses adresses de la part du Peuple, et cette déclaration de Louis Blanc, dans son journal : « Nous devons à » M. Cabet, au nom de la Démocratie, de solennels remercîmens » pour le courage et la persévérance avec lesquels il a combattu les » bastilles. » — Il ignorait que, quand je me fus déclaré Communiste, quand j'eus publié le *Voyage en Icarie*, en 1840, quand j'eus adopté mon système de propagande légale et pacifique et détourné le Peuple des Sociétés secrètes et de l'émeute, les révolutionnaires déclarèrent que j'avais été leur homme, et que je le serais encore, si j'étais resté purement révolutionnaire et républicain ; mais que, puisque je professais le Communisme, ils seraient désormais mes adversaires ! — Il ignorait que, avant ma proposition d'émigration, personne n'avait reçu autant d'adhésions que moi, aucun nom n'était plus connu et plus populaire que le mien ; que c'étaient ma réputation et ma popularité qui propageaient si rapidement mes doctrines et qui faisaient adopter si facilement mon projet d'émigration ; et qu'il est insensé de dire que j'ai conçu le projet d'émigration pour me créer de la réputation et de la popularité, ce qui serait, d'ailleurs, un singulier genre d'escroquerie ! Et puis, une vile escroquerie, un procès en escroquerie, une condamnation pour escroquerie, auraient été un étrange moyen de satisfaire l'ambition, d'acquérir de la réputation et de la popularité ! Jamais, peut-être, accusation ne fut moins éclairée, plus illogique et plus inconséquente !

Si l'accusateur s'était donné la peine de consulter l'opinion publique, il aurait su que, après la première accusation en escroquerie devant le tribunal de Saint-Quentin, sur la fin de 1847, après mon arrestation le 5 janvier 1848, les Icariens et même la presse anti-communiste protestèrent partout contre l'accusation ; que les souscriptions furent doublées et triplées pour me donner une preuve d'estime et de confiance ; que chacun sollicita l'honneur d'être de la première Avant-Garde ; que cette première Avant-Garde qui devait n'être composée que de dix membres se trouva composée de soixante-dix (tant la confiance était grande) ; qu'elle partit le 3 février, non seulement malgré l'accusation d'escroquerie, mais à cause de cette accusation et pour protester contre elle ; et que tous les départs postérieurs de la deuxième et de la troisième Avant-Garde, de la Commission des cinq et des cinq grandes expéditions des familles, furent également d'énergiques protestations contre cette folle et inique accusation d'escroquerie, si évidemment folle et inique, que le procureur du roi l'abandonna dans son réquisitoire du 9 février, et que le tribunal de Saint-Quentin ordonna en mon absence la cessation des poursuites, tout en exprimant l'opinion que l'entreprise de Colonisation au Texas pourrait manquer de capitaux nécessaires et n'entraîner que des désastres.

8

Quant aux *suffrages électoraux* que l'accusation semble considérer comme un fait grave en ma faveur, comment a-t-il ignoré que la première accusation d'escroquerie ne m'avait empêché ni d'avoir assez d'influence sur le Peuple pour le déterminer à la modération par ma proclamation du 25 février 1848 immédiatement après la Révolution, et pour rendre ainsi un incalculable service à la Société, ni d'avoir assez d'influence pour organiser à Paris le club le plus nombreux et le plus populaire, ni d'avoir encore assez d'influence pour déterminer 300,000 hommes au calme et à la paix dans la célèbre manifestation du 17 mars, ni d'être choisi pour président de plusieurs des banquets démocratiques les plus nombreux, ni de réunir dans les diverses élections de Paris, un nombre de voix toujours croissant, jusqu'à 98,000 dans la dernière, malgré les cris de mort proférés contre moi et les efforts de tous les ennemis du Communisme ligués pour empêcher mon élection !

Et même après le désastre du Texas, après les infâmes calomnies et les odieuses hostilités publiées par le *Constitutionnel*, *l'Assemblée nationale* et tous les journaux anti-communistes, après cette deuxième accusation d'escroquerie commencée en janvier 1849, après l'autorisation de poursuivre, donnée le 6 juin, que de protestations signées partout, en pays étrangers, comme en France, par les Icariens et les Démocrates, par la majorité des membres des trois Avant-Gardes et des cinq grands départs, par l'unanimité des Emigrans réunis à Nauvoo! que de suffrages (plus de 100,000) donnés à mon nom, malgré mon absence, malgré la calomnie et la persécution aux élections de mai 1849 !

Et même après l'accusation et la condamnation par défaut du 29 septembre, le comité électoral pour l'élection du 10 mars 1850, n'a-t-il pas admis ma candidature par 175 voix sur 233, et le comité pour l'élection du 28 avril ne m'a-t-il pas donné 191 voix sur 227, plus qu'à un autre ? Cette presque unanimité n'a-t-elle pas fait dire au *Journal des Débats*, que j'étais le candidat selon le cœur et l'esprit de la Démocratie, et que j'aurais probablement été élu par la ville de Paris, si j'avais été présent ?

Je reviens au Réquisitoire, et voici encore la preuve que le procès est purement *politique*.

Invoquant la monstrueuse lettre de Botey (p. 106), qui semble écrite et envoyée pour aider l'accusateur, celui-ci dit :

« La *lettre* produite hier ne fait pas un tableau bien séduisant de ce qui s'est passé à Nauvoo ; là Cabet exercerait une *tyrannie* complète ; ses associés auraient aussi peu de liberté que de *bien-être*, aussi peu d'*égalité* que de *liberté*.

D'abord, quelle aveugle prévention et quelle imprudence de croire à cette lettre comme si c'était l'Évangile, et à son auteur comme si c'était un ange attaquant un démon ! Il suffit donc d'être accusateur ou témoin pour être un saint, et d'être accusé pour être un diable !

Puis, tout cela n'est-il pas étranger à l'escroquerie et dirigé seulement contre le Communisme ?

L'accusateur lit une autre lettre, prétendue du médecin espagnol, *Roveira*, qui s'est tué :

 « A Monsieur Cabet,

» Les *idées captieuses de vos doctrines* n'ont fait et ne font qu'*exciter les passions*. Je vous en *conjure*, au nom de l'Humanité, abandonnez des projets qui ont causé la perte de tant de malheureux qui, vous croyant sincère, ont sacrifié leur santé et leurs intérêts.

» Le *Gouvernement* plus que personne devrait *mettre fin* à des idées subversives propres à troubler la société.

         » J. ROVEIRA.

» Malheureux Communistes, que mon sang soit le dernier *qui se répande !* Abandonnez un tel *ambitieux !* »

Et l'accusateur présente cette lettre comme le *testament* de Roveira, comme un témoignage sacré.

Mais d'abord, il n'est pas vrai que mes doctrines excitent les passions et soient subversives ; et Roveira était bien convaincu du contraire, puisqu'il avait quitté Barcelone et l'Espagne pour venir me supplier de l'admettre avec sa jeune femme et son jeune enfant !

Ensuite, il n'a pas la pensée de l'escroquerie, puisqu'il ne parle que de doctrines, puisqu'il me *conjure* au nom de l'humanité d'abandonner mes projets, ce qu'il ne ferait certainement pas s'il me croyait un escroc.

En troisième lieu, cette lettre contient un mensonge ou une grossière erreur quand elle présente la mort ou le suicide de Roveira comme une conséquence du communisme : ce malheureux, qui était parti d'Espagne sans sa femme et qui venait de la voir arriver avec son enfant, devait se trouver heureux d'être réuni à sa famille, qu'il pouvait soutenir en exerçant la médecine à la Nouvelle-Orléans avec la protection que lui accordait le consul espagnol ; il ne s'est tué, le fait est notoire, que dans un subit accès de folie, dont il avait déjà reçu des atteintes avant son départ de l'Espagne.

Il y a plus, je dénonce ici une grande infamie : la lettre dont il s'agit est une lettre supposée, fausse, fabriquée, après la mort de Roveira, par des ennemis du communisme, par des dissidens complices de jésuites ou d'aristocrates espagnols ; et en voici la preuve : 1° le plus intime ami de Roveira, qui l'a vu peu d'instans avant son suicide par un coup de pistolet, n'a rien entendu de lui qui ait pu lui faire connaître ou soupçonner le projet de cette lettre ; 2° Immédiatement après la mort, on s'est emparé de l'appartement, du cadavre et des papiers, en expulsant, pour ainsi dire, la femme, qu'on a en quelque sorte forcée de partir immédiatement pour l'Espagne, en lui donnant tout l'argent nécessaire, malgré les vœux qu'elle m'adressait pour que je lui conservasse ma bienveillance et mon appui ; 3° Cette lettre, censée écrite pour moi, adressée à moi, et qui me *conjure* d'abandonner mes projets, cette lettre, dis-je, devait m'être remise, car elle était ma propriété ; et je ne l'ai jamais vue, tandis qu'on la faisait publier dans tous les journaux, qu'on l'envoyait même à l'accusateur public pour qu'elle lui servit à m'accuser, après y avoir mis cette phrase au nom du mourant, que c'était un devoir pour le Gouvernement de mettre fin à l'émigration icarienne.

Oui, je le répète, cette lettre est une infamie, et j'ai peine à concevoir comment le procureur de la République a pu se servir d'une pareille lettre contre moi, en mon absence, sans en prévenir mon représentant et sans s'informer si elle était réelle ou fausse.

Et voilà comme on bâtit une accusation d'escroquerie contre un homme qui a rendu quelques services à son pays et qui a quelque droit à son estime !

En résumé, l'accusateur persiste dans son accusation contre M. Cabet qu'il attaque longuement, en concentrant toujours tous ses efforts sur ce point unique ou capital que M. Cabet aurait menti, trompé, escroqué, en affirmant frauduleusement qu'il avait traité avec Peters pour acquérir un million d'acres de terre : mais il abandonne l'accusation à l'égard du complice, sans dire un mot contre lui, reconnaissant ainsi que, pendant neuf mois, Louis Krolikowski, mon mandataire, avait été faussement, injustement et par conséquent vexatoirement, menacé, poursuivi, persécuté comme mon complice en escroquerie !

Voyons maintenant la plaidoirie d'Henri Celliez.

§ XIII. — Plaidoirie d'Henri Celliez.

L'accusation étant abandonnée à l'égard du prétendu complice, l'avocat de celui-ci doit être fort embarrassé pour parler de l'accusé principal. Cependant, le complice ayant moralement intérêt à ce que l'accusation d'escroquerie soit complétement anéantie, même à l'égard de M. Cabet, pour qu'il n'en reste absolument rien contre lui-même, l'avocat plaide l'affaire en entier, et réfute avec autant d'adresse et de raison que d'énergie et de conviction toutes les allégations de l'accusateur ; il aurait certainement vaincu si la prévention et l'erreur avaient laissé la victoire possible.

Afin de mieux porter la conviction dans tous les esprits, il fait, avec autant de lucidité que d'exactitude, l'histoire abrégée de l'Émigration et d'Icarie, en citant une foule de lettres et d'articles du *Populaire*.

Puis, répondant à l'accusateur qui prétend trouver la fraude et le mensonge dans les écrits de M. Cabet, l'avocat s'écrie :

« M. Cabet ment, messieurs ! Eh ! quand même nous n'aurions pas de preuves pour attester la sincérité de ses assertions, est-ce que c'est là le style d'un menteur ? Est-ce que vous n'avez pas déjà jugé le caractère de l'homme par les extraits que je vous ai lus ? Ne trouvez-vous pas dans cette manière une certaine naïveté qui traduit la simplicité du cœur ? Non, ces écrits ne peuvent pas faire soupçonner la fourberie ! Cabet n'est pas un fourbe ! C'est un homme de foi, qui croit dans son idée. Cette foi superbe, qui s'affirme sans humilité, peut exciter la colère de ceux qui voient des dangers dans des réformes sociales, dans toute innovation essayée sur l'ordre actuel de la société ; cette foi peut exciter la risée de ceux qui ne comprennent pas, qui ne peuvent comprendre qu'on se dévoue pour une idée, pour un sentiment ; mais elle ne peut être mise en doute par des hommes justes qui se rappellent la vie de celui qu'on accuse aujourd'hui d'être escroc, non par cupidité, mais par orgueil et ambition.

» S'il avait voulu des honneurs, si l'ambition avait été le seul mobile de ses actes, il avait du talent, et les occasions ne lui ont pas manqué ! C'est un homme doué tout à la fois de qualités éminentes et de qualités vulgaires dont le mélange rend les hommes propres à tous les genres de succès. Si donc il n'a pas occupé de hautes fonctions, objet de cette passion ambitieuse qu'on lui suppose, et qu'il voudrait satisfaire au prix de son honneur, par de viles escroqueries, c'est qu'il n'a pas voulu. Cet homme là peut se tromper, mais tromper les autres, jamais.

Mais quand l'avocat veut attaquer les témoins ou leurs mensonges (ce qui lui paraît indispensable), il a besoin de courage, de sang froid et de fermeté, pour lutter contre les fréquentes interruptions du Président ou du Procureur de la République.

« Je regrette, dit le Président, que l'on semble contester la qualité des témoins. Ils ont déposé sous la foi du serment, et raconté leurs propres malheurs. Ceux-là méritent bien autant de confiance que ceux qui ne sont pas partis et qui ont seulement fourni des lettres. »

L'avocat ayant lu déjà beaucoup de pièces dont la lecture lui paraît absolument nécessaire, le Président l'interrompt :

« Il n'y a rien de nouveau là ; nous le retrouvons dans les dépositions des témoins. Ces lectures n'ont en résumé d'autre résultat que d'imposer une fatigue au tribunal.

— » Je regrette, répond le défenseur, de recevoir un pareil reproche ; mais je ne crois pas le mériter.

— » Permettez, réplique le Président, voici la base de l'accusation. La confiance dans l'acquisition de terrains achetés au Texas a été la cause du départ des plaignans. La Société dans laquelle ils s'étaient engagés était constituée pour acheter des terrains. Tout à coup on annonce que les terrains étaient achetés, le but était donc changé. Les plaignans voient dans cette annonce le fait de manœuvres frauduleuses : la défense doit donc se borner à prouver le contraire.

— » Si le ministère public, répond l'avocat, avait réduit sa discussion à ces termes, j'aurais pu ne pas aller plus loin. Et il me suffirait, si l'accusation n'avait que cet argument, de relire le contrat social où le but indiqué est non pas seulement de se procurer des terrains, mais surtout *d'y fonder l'Icarie.*

Je suis, M. le Président, très péniblement affecté des observations qui me sont faites...

» — Elles sont naturelles.

» — Je ne présente aucun détail qui ne soit une réponse à ce qu'a dit le ministère public ; ce n'est pas ma faute si...

» — Mais l'accusation n'a pas eu connaissance des pièces de la défense.

» — Je ne dois aucune communication au ministère public. Je me défends comme je puis, avec les pièces, que je produis à mon heure. C'est le droit de la défense. Mais le ministère public a pu n'ignorer rien de ce que je lis au tribunal. Je n'ai encore produit aucune pièce écrite, en dehors de celles appartenant à tout le monde, de celles publiées dans un journal qui n'est demeuré secret pour personne. Si l'instruction avait été mieux inspirée...

» — Continuez la discussion.

» — Elle est très pénible, au milieu de ces observations fréquentes qui jettent un trouble inévitable dans l'esprit ; il me devient difficile de suivre mon raisonnement, et je risque de m'égarer dans le dédale de lectures que le système de l'accusation a rendues indispensables.

Et quand le défenseur n'invoque que des pièces publiques, qui doivent être connues de l'accusateur, n'est-il pas étonnant qu'on lui reproche de ne les avoir pas communiquées à l'accusateur, lorsqu'on a souffert que celui-ci divulguât, sans nécessité et sans les avoir communiquées, les lettres si injurieuses de Botey (p. 106) et de Roveira (p. 115) inconnues du défenseur ? N'ai-je pas le droit de me plaindre de pareilles irrégularités qui sont contraires à la loi et qui peuvent me porter un immense préjudice ?

L'avocat attaquant la déposition du témoin Rousset et lui opposant sa lettre (p. 101), l'accusateur défend le témoin :

« Rousset ne savait pas, dit-il, que sa lettre serait publiée.

» Je trouve, répond l'avocat, que l'accusation se montre bien facile à satisfaire ! Il fallait bien expliquer la contradiction manifeste entre les correspondances et les dépositions d'audience; on a inventé le système des *signes convenus*. L'accusation accepte cela comme tout simple !

L'avocat reprochant au témoin Gosse son abominable lettre (p. 68 et 99), le Président l'interrompt :

« Me Celliez, lui dit-il, vous êtes chargé de défendre Krolikowski, et jusqu'à présent vous n'avez défendu que Cabet.

» — Je ne puis défendre le complice, répond H. Celliez, qu'autant que je démontrerai l'innocence du prévenu principal et l'absence de tout délit.

» — Le ministère public a abandonné la prévention contre Krolikowski. Je comprends pourtant que, pour sauvegarder la moralité de votre client, vous vous attachiez à discuter l'existence et la valeur du fait principal, c'est-à-dire la question de la concession d'un million d'acres; mais votre mission ne peut pas être étendue dans des limites plus larges. »

» — Je n'ai pas fait autre chose jusqu'à présent, que démontrer par les faits que la concession existait, et qu'elle remplissait toutes les conditions espérées par Cabet ; que par conséquent, le corps du délit échappe à l'accusation, d'où je conclus qu'il n'y a ni auteur principal ni complice.

» C'est pourquoi je regrette d'être si souvent interrompu, et de ne pouvoir conduire ma discussion comme je l'entends.

» — Pourquoi ne commencez-vous pas par raconter les faits ? Vous auriez pu ensuite discuter ces pièces. Nous nous fatiguons à chercher le sens de la discussion ainsi mêlée aux faits.

» — Mon Dieu. Monsieur le président, (avec une vive émotion et une grande énergie) voilà bien des reproches contre ma plaidoirie ! *Je sais ce que je fais*; et je croyais avoir fait comprendre au tribunal, en commençant, mon système de défense !

» Après tout ! je *sais bien mon état* ! Je sais que j'aurais pu faire une simple narration, et procéder par synthèse, au lieu d'employer l'analyse ! Je sais bien cela ; mais je ne l'ai pas voulu, parce que, si j'avais procédé ainsi, le tribunal ne m'aurait pas compris.

» Quand des hommes d'honneur sont accusés aussi légèrement d'escroquerie et de manœuvres frauduleuses, c'est bien le moins que la défense soit libre dans son développement !

» Je dis qu'il m'est pénible de voir traîner devant un tribunal un homme d'honneur, quand une accusation si odieuse ne repose sur aucune base sérieuse.

» J'éprouve une vive émotion, Messieurs ; mais cette émotion se conçoit, lorsque j'ai à lutter contre les interruptions et à défendre, non seulement le prévenu, mais encore mon propre système de défense.

» A présent, je pense qu'il est bien établi pour vous que la concession Peters était un fait certain.

» On me chicane sur la forme du contrat ; et un témoin qui ne sait pas ce qu'on a fait, qui n'a vu personne, qui raisonne par induction, dit : le contrat n'existait pas, on nous a délivré des terres, comme individu, mais non pas comme Société.

» Le fait est que des terrains ont été donnés ; mais je dis que ce fait est la réalisation du contrat Peters.

» C'est un fait bien acquis au procès, on ne pourra plus l'en effacer. Maintenant je reprends.

Bientôt, épuisé de fatigue par une longue plaidoirie de cinq heures, H. Celliez prie le Tribunal de lui accorder quelque repos : mais quoique le refus en pareille circonstance soit inusité, et quoique le Tribunal ait accordé à l'Accusateur la suspension demandée par lui, on refuse la demande du défenseur, à la grande surprise de l'auditoire, en disant que la cause de Krolikowski est entendue.

Ainsi forcé de continuer, l'avocat précipite sa course, abrège sa démonstration et termine ainsi :

« Je supplie le Tribunal de ne pas perdre de vue qu'il ne s'agit pas ici de prononcer sur une accusation d'une nature ordinaire. Dans les affaires qui se présentent trop souvent dans cette audience, aux escrocs que vous condamnez, c'est la peine qui importe bien plus que le jugement lui-même. Les deux hommes d'honneur qui sont aujourd'hui poursuivis, ne sont pas préoccupés du châtiment, mais de l'effet moral du jugement. Quoi que vous décidiez, vous ne pourrez pas rompre la solidarité qui les unit. Quand même vous acquitteriez Krolikowski, il se sentira frappé si, par votre jugement, vous voulez flétrir Cabet. Songez-y, Messieurs, votre jugement aura un grand effet moral ; ne l'oubliez pas ; c'est ici une question de sincérité !

§ XIV. — Condamnation par défaut du 29 septembre.

Mais, le 29 septembre, le Tribunal acquitte définitivement Kroli-

kowski et condamne Cabet, par défaut, à deux ans de prison, 50 francs
d'amende et cinq ans d'interdiction des droits politiques, en le déclarant ESCROC, en motivant l'ESCROQUERIE sur ce fait, qu'il n'existait pas de traité Peters, et que le condamné en aurait frauduleusement
affirmé l'existence.

Le Tribunal n'a entendu que les accusateurs ; car, quoique l'avocat
Henri Celliez, défenseur de mon prétendu complice, ait parfaitement bien présenté les faits qu'il connaissait et qui me justifiaient
en même temps que son client, personne ne pouvait me remplacer et ne m'a remplacé pour les pièces que je possédais seul, pour
les faits qui étaient exclusivement à ma connaissance personnelle, et
pour les réponses victorieuses que je pouvais seul faire à l'accusateur
et aux témoins, avec l'autorité que me donne ma position envers eux.

Mais sans m'entendre, quand je suis à trois mille lieues, quand je ne
puis envoyer ni pièces ni observations, quand on n'appelle aucun témoin en ma faveur, quand je ne sais pas même qu'on met en doute la
concession Peters, un Tribunal de trois juges, dont deux suffisent pour
faire le jugement, me condamne comme *escroc*, et me prive de mes
droits politiques et civils !!!...

Ah! quelle que soit l'énergie des sentimens qu'excite en moi cette
condamnation, on doit la comprendre et la souffrir. Je proteste contre
cette sentence ; j'épuiserai toutes les voies légales pour la faire anéantir,
car grâce à mes persécutions, aux cris de mort proférés contre moi par
la garde nationale de Paris sous les armes, je ne suis pas un individu
tellement obscur qu'il soit ridicule de ma part d'en appeler, s'il le faut,
à l'opinion de la France, du Monde, de la Postérité !

Quoi ! l'homme qu'on appelle un chef d'école et de parti, un philosophe, un novateur, un réformateur, un colonisateur, on veut le flétrir
comme un escroc ! L'homme qui soutient que personne n'est plus
désintéressé et plus dévoué que lui, on veut le déshonorer en l'appelant
un escroc ! L'entreprise la plus généreuse, la plus sincère, la plus
réelle, la plus gigantesque pour réaliser une doctrine de salut pour
l'Humanité, on la transforme en une petite et ignoble escroquerie !!!

Mais comment m'étonner ? Est-ce le premier exemple de l'aveuglement de la justice humaine, quand il s'agit de doctrines nouvelles,
d'innovations et de réformes religieuses ou sociales ou politiques ?
Est-ce que Socrate, Jésus-Christ, et mille autres auxquels je ne veux
pas me comparer, n'ont pas été flétris par des condamnations judiciaires, comme des débauchés, des séditieux, des voleurs ou des criminels ?

Pour moi, je pourrais m'en reposer sur le temps et la vérité du soin de me justifier : mais je puis appeler des juges inférieurs aux juges supérieurs, et l'erreur des premiers juges est si palpable et si manifeste que j'appelle du Tribunal à la Cour sans désespérer de trouver enfin, quoique absent, de la raison, de la justice et de l'impartialité.

Après avoir rendu compte de tous les détails du procès dans une brochure de 160 pages (1), H. Celliez ajoute :

« Ce jugement n'est définitif que pour le citoyen Krolikowski, qui est bien acquitté. Quant au citoyen Cabet, quoiqu'il soit loin de nous, nous croyons être l'interprète de ses sentiments en disant qu'il emploiera toutes les voies ouvertes par la procédure pour expliquer publiquement sa conduite, de manière à forcer ses ennemis même à convenir qu'il ne s'est jamais écarté de la ligne droite, qu'il est parfaitement *pur de toute action honteuse*, et qu'il peut avec orgueil mettre sa vie privée, politique et sociale, *en parallèle avec celle des magistrats les plus intègres* et les plus dévoués à leur Patrie et à l'Humanité. »

Oui certainement ; et pour le prouver surabondamment tout de suite, je me permettrai de citer quelques faits.

§ XV. — Je puis mettre ma vie en parallèle avec celle de mes juges.

J'ai été avocat, docteur en droit, lié avec Laffitte, Lafayette, et beaucoup des principaux hommes politiques. Ami de Dupont de l'Eure, alors ministre de la Justice, j'ai été l'un de ses secrétaires intimes, en juillet et août 1830, puis Procureur-Général en Corse, où j'ai institué le *Jury* qu'on n'avait pas encore pu y établir, organisé les *Justices de paix*, et préparé une *amnistie* pour purger l'île de ses *bandits* ou contumaces et de sa *vendetta*. Voici deux lettres que m'écrivait à cette époque Dupont de l'Eure. Puisqu'on veut me déshonorer, on souffrira que je me défende.

Lettre du Ministre Dupont de l'Eure au Procureur-général Cabet.

« Paris, 12 novembre 1831.

» M. le Procureur-général,

» J'ai reçu la lettre que vous m'avez adressée de Toulon, le 23 oc-
» tobre dernier, et celle que vous m'avez écrite de Bastia, le 3 de ce
» mois. Je les ai lues l'une et l'autre avec un vif intérêt, et je vous re-

(1) Se trouve au bureau du *Populaire*.

» mercie de l'excellent travail qu'elles contiennent sur le *rétablisse-*
» *ment du jury en Corse.* Vous verrez que j'en ai profité ; car elles
» m'ont fourni les matériaux nécessaires pour faire une ordonnance
» qui en effet rétablit le jury en Corse et replace ce pays sous le droit
» commun qui régit toute la France. Je vous envoie une ampliation de
» cette ordonnance, dont *vous êtes le principal auteur* et que je
» *m'honore d'avoir contresignée. Le roi, à qui j'ai lu votre lettre*
» du 3 de ce mois, a *parlé de vous avec beaucoup d'intérêt*, et moi
» j'ai un grand plaisir à vous le dire.
» Je ne doute pas qu'avec le zèle qui vous anime, vous ne vous con-
» certiez avec le préfet de la Corse pour y organiser le jury d'une
» manière à lui faire produire tous ses bons effets.
» J'attends le travail que vous me promettez *sur les justices de*
» *paix.* Ce travail a une grande importance et mérite toute votre at-
» tention. Je ne vous ferai pas attendre l'ordonnance à laquelle il
» devra donner lieu.
» Je vous invite aussi à méditer la question de l'*amnistie.* Si cette
» mesure peut assurer la tranquillité de la Corse et y commencer une
» *nouvelle ère de civilisation*, je ne demande pas mieux que de la
» proposer au roi, après que vous me l'aurez proposée de votre côté.
» Enfin, M. le Procureur-général, occupez-vous de tout ce qui
» pourra faire le bien du pays que vous habitez, et vous verrez le gou-
» vernement s'empresser de seconder vos vues.
» *Signé :* DUPONT (DE L'EURE). »

Lettre de Dupont à Cabet.

« Paris, 12 novembre 1830.

» C'est avec un bien grand plaisir, *mon cher Cabet,* que j'ai reçu
» vos lettres. Ne les ménagez pas par la suite.
» Je suis toujours bien ennuyé, bien désireux de m'en aller à *Rou-*
» *gepérier.* Vous avez vu, par le *Moniteur*, que je n'ai plus à combat-
» tre contre certaine fraction du ministère ; mais vaut-il mieux pour
» cela ? J'ai bien peur que non.
» La Chambre me paraît bien peu bienveillante pour la nouvelle
» administration. Le parti *Guizot* et *Périer* y a une grande faveur;
» et tout me fait présager qu'il *reviendra au pouvoir* dans un temps
» qui ne peut être bien éloigné. Pour moi, je n'attends que le moment
» de ma délivrance.
» J'ai pour secrétaire général nouveau M. Renouard...; il me paraît
» être un fort bon garçon ; mais je ne le connais pas *comme je con-*
» *nais Cabet* et quelques autres des amis qui m'entourent.
» Maintenant, dites-moi en détail comment et avec qui vous vivez à
» Bastia. J'ai besoin de savoir *vos peines et vos plaisirs.* Vous tournez,
» je n'en doute pas, des regards douloureux vers la France, peut-être
» même vers la place Vendôme. *Hélas ! il y a là aussi bien des en-*
» *nuis!*
» Adieu, mon cher Cabet ; prenez courage, donnez de l'aliment à

» votre esprit ; ce sera le moyen de consoler votre cœur affligé. Je ne
» serai plus probablement ministre quand vous reviendrez ; *mais je*
» *serai toujours votre ami. Aimez-moi et croyez à tout l'attache-*
» *ment que je vous ai voué.*

» *Signé :* DUPONT. »

Si j'avais voulu, j'aurais pu très facilement devenir Procureur-général ou Président dans une des principales Cours, ou Secrétaire-général du Ministère de la Justice et même Ministre, chef des Membres du Parquet qui m'accusent et des Juges qui me condamnent aujourd'hui.

Mais, préférant ma conscience au pouvoir, à la fortune et aux honneurs, je me suis exposé à la destitution pour conserver mon indépendance ; et j'ai été destitué pour ma profession de foi adressée aux électeurs de la Côte-d'Or qui m'ont élu.

A mon départ, les habitans m'ont exprimé leurs regrets par une sérénade et une adresse ; et mon deuxième Avocat-général, donnant sa démission, a publiquement prononcé ces remarquables paroles :

« Tout le monde ici rendra justice à la trop courte administration
» de M. Cabet : jamais magistrat n'eut un sentiment plus profond de
» ses devoirs et ne sut les remplir avec plus de *zèle* et de *probité ;* ja-
» mais fonctionnaire ne se montra plus *accessible,* plus ami de l'*éga-*
» *lité plébéienne,* et n'écouta avec plus de bienveillance la plainte de
» l'*opprimé ;* jamais enfin on n'apporta du Continent en Corse une
» volonté plus ferme de travailler avec ardeur au bien du pays. »

Et à l'installation de mon successeur, mon premier Avocat-général a prononcé ces paroles courageuses :

« M. Cabet a laissé d'honorables souvenirs dans ce pays, où il a constamment exercé ses fonctions en homme de bien, en citoyen vertueux, en magistrat éclairé, impartial et scrupuleusement consciencieux... Nous ne pouvons dissimuler l'*affliction* que nous cause son départ. »

Sont-ils bien nombreux les Magistrats qui ont rendu de pareils services à leur pays en cinq mois de fonctions, et qui inspirent de pareils témoignages d'estime, d'affection et de regrets dans une honorable disgrâce ?

Voici d'autres manifestations d'estime, inspirées par mon dévoûment dans ma lutte contre les bastilles.

En 1841, lors de ma lutte contre *Le National* au sujet des Bastilles, *la Phalange* du 10 mai disait :

« Nous sommes *fort loin de partager* les opinions politiques et so-
» ciales de M. Cabet, qui *est le principal apôtre de la communauté*
» *égalitaire ;* mais nous nous plaisons à rendre *hommage à l'austère*

» *intégrité* et à *la parfaite loyauté* d'un homme qui, dans toute sa
» carrière politique, a fait preuve du *désintéressement le plus com-*
» *plet* et de *l'abnégation la plus entière.* M. Cabet est un des hom-
» mes que ses *antécédens* mettent *le plus à l'abri du soupçon de*
» *vénalité :* il obéit à une *conviction profonde.* »

Un autre journal Phalanstérien, le *Nouveau-Monde* du 1er
juillet disait :

« M. Cabet a donné des *preuves* irrécusables de son *dévoûment*
» et de la *pureté de ses intentions* ; et il avait droit à un peu *plus*
» *d'égards* de la part d'un journal qui doit *honorer le patriotisme et*
» *l'ABNÉGATION.* »

Le *National* du 10 avril disait lui-même :

« M. Cabet est un *fort honnête homme,* incapable de faire le mal sciemment.»

En 1843, tout en attaquant le Communisme Icarien, le
journal phalanstérien disait encore :

« M. Cabet nous a paru un HOMME DE BIEN, qui CHERCHE le moyen
» de faire le BONHEUR des MASSES. »

Dans son numéro du 8 septembre 1845, la *Démocratie paci-*
fique disait :

« Nous sommes convaincus de la SINCÉRITÉ de M. Cabet, et de son
» AMOUR DE L'HUMANITÉ... Son CARACTÈRE HONNÊTE nous inspire
» de l'ESTIME. »

Sont-ils bien communs encore les Magistrats et les hommes dont des
adversaires peuvent faire publiquement un pareil éloge ?

Et deux ou trois juges décident que tout cela n'aurait été de ma part
qu'une préparation à la plus odieuse escroquerie !

Donnant témérairement sa confiance à l'abominable lettre de Botey (p. 106), l'accusateur s'est permis de m'injurier gratuitement en parlant de *tyrannie* à Nauvoo et d'absence de toute égalité comme de
toute liberté : eh bien ! écoutez la requête qui m'est adressée pour me
presser de me mieux nourrir :

« Nauvoo, le 18 mai 1849.

» Cher Père,

» Malgré ce titre que notre cœur vous donne, ou plutôt à cause de
ce titre, nous venons vous faire une quasi sommation respectueuse :
nous espérons que le but vous fera excuser la forme.

» Depuis longtemps nous étions peinés des privations que vous faisait
subir notre position mutuelle ; nous comprenions que quoique plein

de vigueur, certains soins hygiéniques, dont votre âge et l'habitude vous font un besoin, étaient nécessaires à votre santé ; mais voici que depuis quelque temps, vous vous imposez volontairement de nouveaux sacrifices dont vous souffrez, nous le savons, nous le voyons......

» Voulant nous donner l'exemple de toutes les vertus, ces privations, sans doute, sont des leçons d'égalité et d'abnégation ; mais si malheureusement notre Communauté a besoin de ces leçons, elle a plus encore besoin de son précepteur.

» Quand la vieillesse, la maladie, les infirmités, sont pour nous des objets de tant de sollicitude, ne serait-il pas inqualifiable qu'une exception fût faite seulement pour notre Gérant ! Il ne peut en être ainsi ! Vous voudrez donc, cher Père, prendre en considération les inquiétudes de vos enfans, et indiquer, au moins ne pas refuser, les soins dont vous avez besoin.

» Il ne faut pas que l'énergie et la haute intelligence qui préparent le bonheur de l'Humanité puissent être jamais paralysées par la faiblesse du corps.

» Nous vous renouvelons, cher et vénéré Père, l'assurance de notre respect et de notre affection. »

Tous les Icariens de Nauvoo ont signé cette adresse.

Ainsi, quoique Président et Gérant d'Icarie, moi, le Citoyen Cabet, je me réduisais volontairement et spontanément à la plus complète égalité avec tous les membres, mangeant avec eux et comme eux, sans aucun privilége, mangeant même souvent du pain et buvant de l'eau pour donner l'exemple de la frugalité.

Je donnais même, quelques mois après, une nouvelle Constitution radicalement démocratique, par laquelle je me démettais spontanément d'une dictature qui m'était confiée pour dix ans.

Et pendant que je montrais plus de respect pour la liberté et l'égalité qu'aucun Chef n'en a jamais montré, un Substitut, l'accusateur, ne craignait pas de m'accuser d'Aristocratie, de despotisme et de tyrannie pour couronner une accusation d'escroquerie !

§ XVI. — Joie et triomphe des journaux réactionnaires.

On conçoit la joie et le triomphe des journaux réactionnaires, qui m'avaient dénoncé et à qui ma condamnation donne raison !

Voici, par exemple, un journal qui sert à la fois le Gouvernement, le Clergé et la Colonie Algérienne, l'*Akhbar*, adversaire, pour ne pas dire ennemi, de la Colonie Icarienne : on devine avec quel plaisir il apprend et publie, en Algérie, ma condamnation :

« M. Cabet, le célèbre apôtre du Communisme, dit l'*Akhbar*, qui, aux journées du 16 mars et du 17 avril, tenait en échec le Gouvernement provisoire et fut bien près de le renverser et de s'ériger en dictateur de la France, vient d'être condamné pour ESCROQUERIE à deux ans de prison, à cinquante francs d'amende et à cinq ans d'interdiction des droits mentionnés à l'art. 12 du Code pénal (droits politiques, de tutelle, de tester en justice.)

Un Socialiste, un Communiste, qu'on croit capable de renverser le Gouvernement et de se faire le dictateur de la France comme d'Icarie, condamné comme *escroc* et déclaré inéligible, quelle bonne nouvelle !

Mais le journal *l'Atlas*, aussi publié à Alger, lui répond, le 16 octobre :

» De quoi se plaignent les dissidents Icariens? D'avoir versé à la caisse Icarienne l'un 600 fr., l'autre 1,000 fr., etc., et de n'avoir pas reçu en soins et en victuaille, l'équivalent de leur argent soit dans la traversée pour l'Icarie, soit à leur arrivée sur la terre promise..

» Nous, qui savons par expérience aujourd'hui, qu'avec tous les moyens dont dispose un gouvernement comme celui de la France, il faut 2,000 francs par âme pour transplanter des habitants d'une terre dans une autre, non de France en Icarie, à plusieurs milliers de lieues, mais de Paris en Algérie, nous comprenons parfaitement que le père Cabet, qui ne disposait ni de cinquante millions ni d'un nombreux état-major, se soit trompé drns les espérances qu'il a fait concevoir à certains individus.

» Nous qui savons que les pères trappistes de Staouëli, malgré leur sobriété, leur abnégation évangélique, seraient morts de faim comme les Icariens du père Cabet, s'ils n'avaient trouvé à côté d'eux un gouvernement protecteur qui, outre une subvention première de 90,000 fr., leur a avancé pour 35,000 francs de rations de vivres qu'ils n'ont pas encore remboursés et qu'ils ne rembourseront probablement jamais, nous comprenons que le père Cabet, qui n'a trouvé à côté de lui ni Intendant, ni Directeur-général pour venir au secours de ses frères, ait pu se trouver parfois dans l'embarras.

» Nous, qui voyons chaque jour des centaines de colons rentrer en France, maudissant le gouvernement de les avoir entraînés à leur perte, nous comprenons parfaitement qu'il se trouve des Icariens maudissant le père Cabet.

» Mais que prouve la plainte ?

» Que prouve le jugement contre un absent qui n'a pas été mis en mesure de se justifier?

» L'*Akhbar* a beau dire que la condamnation n'émane pas d'un tribunal exceptionnel, d'un tribunal politique, mais tout simplement du tribunal de police correctionnelle de la Seine; qu'est-ce que cela signifie encore ?

» L'*Akhbar*, qui cumule les fonctions de journal de l'évêché et du gouvernement général de l'Algérie, devrait connaître l'Evangile et les Ecritures ; il devait savoir à quelles calomnies, à quelles accusations, les premiers chrétiens furent en butte; et s'il l'a oublié, nous le lui rappelons.

» Nous ne sommes pas Communistes-Icariens, nous n'attaquons pas la sentence qui a condamné le citoyen Cabet; mais nous constatons que, lorsque l'esprit rétrograde est en lutte avec l'esprit de progrès, et quand l'intérêt politique se trouve mis en jeu, rien n'est plus commun que de voir tirer des faits les plus simples les inductions les plus monstrueuses.

» Qu'il nous soit permis, à ce propos, de citer un document historique qui donne la mesure de ce dont l'esprit humain est capable en fait d'injustice et d'absurdité : »

Et *l'Atlas* cite un fragment de l'historien *Minutius Félix*, répété dans le *Populaire* du 12 décembre, qui signale Jésus-Christ comme ayant été justement *condamné* pour ses vols, ses crimes et ses forfaits.

Mais voici des protestations envoyées de tous côtés contre le procès et la condamnation.

§ XVII. — Nombreuses protestations d'Icariens et de Démocrates en France, en Angleterre et en Amérique.

Nous avons déjà vu (p. 74 et 76) deux protestations de la majorité des premières Avant-Gardes. — Voici celles signées immédiatement après la condamnation par trois des témoins entendus et par six membres de ces Avant-Gardes qui se trouvent alors à Paris.

Protestation de trois prétendus plaignans.

» Paris, ce 6 octobre 1849.

Au Citoyen Rédacteur du Populaire.

« Citoyen,

« Entraînés par des circonstances indépendantes de notre volonté, et surtout à cause de l'état de notre santé qui était fort mauvaise, nous avons quitté la Société Icarienne à la Nouvelle-Orléans après son retour du Texas, et nous en sommes partis sans demander du secours à la Société, ce qui prouve assez que nous ne croyons pas avoir le droit de réclamer et de nous plaindre, ni surtout de porter contre le citoyen Cabet une accusation aussi monstrueuse que celle d'*escroquerie.*

» Nous n'avons nullement renié ni abandonné nos principes et notre but; il n'est pas non plus dans notre caractère de méconnaître nos engagemens envers le citoyen Cabet, que nous considérons comme l'un des plus dévoués défenseurs de la Démocratie.

» Nous sommes indignés de cette perfide manœuvre qui, dans les journaux officiels des Tribunaux, nous a fait jouer le rôle si odieux de *plaignans* envers le Gérant d'Icarie et nous a portés comme ses principaux *accusateurs.*

» Pourtant, à notre interrogatoire, nous avons déclaré devant la Justice, d'une manière non équivoque, que nous n'avions *point à nous plaindre* du citoyen Cabet ni rien à lui réclamer.

» Nous venons donc protester hautement contre cet artifice infernal, par lequel, en cherchant à avilir et à flétrir d'une manière aussi infâme un citoyen intègre et éprouvé, on flétrit notre nom et l'on nous voue au mépris de tous les Républicains sincères.

» Nous vous prions, citoyen rédacteur, de nous réserver une place dans le plus prochain numéro de votre journal, afin d'y publi notre protestation.

» Recevez, etc..

» L. Teyssier, de la 1ʳᵉ Avant-Garde.
» J. Rousseau, de la 2ᵉ.
» Poiret,   de la 2ᵉ.

Protestation de six membres de la 1re *et de la* 2e *Avant-Garde.*

« Paris, le 1er octobre 1849.

»Nous soussignés, membres de la 1re et de la 2e Avant-Garde Icarienne pour la colonisation au Texas, présens actuellement à Paris, nous avons lieu de nous étonner et de nous indigner de n'avoir pas été appelés à produire notre témoignage, vrai et désintéressé, dans l'affaire de cette colonisation, jugée récemment par la 7e chambre du tribunal correctionnel de la Seine. Nous avons donné des preuves non équivoques de notre dévoûment; nous n'avons jamais renié nos principes; nous sommes loin de cette triste position où l'on est obligé de mentir pour se justifier; notre séjour à Paris était bien connu; si l'on a su trouver les autres pour en obtenir quelques dépositions favorables à l'accusation, on aurait dû, dans l'intérêt de la justice et de la vérité, nous entendre aussi, afin de pouvoir juger l'affaire en toute connaissance de cause.

Nous protestons contre un tel procédé; nous protestons de notre estime inaltérable pour le citoyen Cabet; nous protestons contre toutes les accusations dirigées contre lui, à cause des revers produits par des causes indépendantes de sa volonté; nous protestons enfin contre toutes ces pauvres arguties, contre tous ces sophismes débités sur la concession des terrains de la compagnie Peters, sur laquelle nous n'avons nullement été trompés et sur laquelle tout ce qui a été publié dans le *Populaire* était *vrai*.

»Tout en allant coloniser au Texas, nous n'avons jamais subordonné dans notre pensée la réalisation d'Icarie à la prise en possession des terrains sus-mentionnés, auxquels nous étions libres de préférer d'autres terrains et même une autre contrée.

» Le citoyen Cabet, par sa présence, aurait facilement mis à néant tous les argumens avancés contre lui; il le fera plus tard, c'est là notre conviction intime.

» A nos yeux, la cause principale des désastres de l'expédition icarienne au Texas ne peut être attribuée qu'à la Révolution inattendue de février. Cette explosion politique a produit des perturbations sociales trop graves pour qu'il fût possible aux Icariens de France de venir efficacement à notre secours.

»Quoi qu'il en soit, rien ne saurait justifier la conduite inqualifiable des dissidens hostiles envers le citoyen Cabet. Il était évident qu'après l'engagement solennel signé par eux, ils n'étaient plus en droit de réclamer quoi que ce fût. Un avide égoïsme, pour ne rien dire de plus, était seul capable de les porter à de tels excès : ils se sont bénévolement rendus les aveugles instrumens d'une mystification policière: que ce soit là désormais une bonne leçon pour ceux qui tenteraient de suivre leur exemple.

» PAQUOT, *doyen-d'âge de la* 1re *Avant-Garde;* — MAURICE ; — BOUÉ; — COCHARD; — CROMBEZ, *tous membres de la* 1re *Avant-Garde.* — DUTHY (Auguste), *de la* 2e *Avant Garde.*

— 129 —

Protestation des Icariens de Paris.

» Paris, le 21 août 1849.

« Les Communistes Icariens de Paris n'ont pu maîtriser l'indignation profonde qu'a fait naître en eux l'ACCUSATION D'ESCROQUERIE lancée contre l'homme courageux qui, depuis plus de quarante ans, combat sans relâche pour le triomphe de la liberté, et lutte sans cesse pour l'émancipation politique et sociale des Travailleurs.

» Le citoyen Cabet, malgré un travail incessant de 18 à 20 heures par jour, malgré une vie modeste et sobre, est resté toujours pauvre ; car la fortune ne comble de ses faveurs que ceux qui sacrifient sur ses autels leurs opinions et leur honneur, et qui embrassent chaudement la cause des privilégiés.

» L'accusation dont il est l'objet ne s'explique que par la haine, l'injustice et l'aveuglement de ses adversaires politiques. Depuis longtemps les Communistes ne sont-ils pas les boucs émissaires de la Révolution ? Nous nous rappelons encore cet horrible épisode de la fameuse journée du 16 avril 1848, quand de prétendus amis de l'ordre promenèrent dans Paris un cercueil où l'on avait écrit en gros caractères : CABET.

» Mais en dépit des persécutions et des menaces, les idées du Communisme se répandent parmi les hommes de cœur qui veulent résolument le bonheur de l'Humanité.

» De faux Frères, se disant les partisans dévoués de nos doctrines pacifiques, ont osé renier leurs principes, violer leurs sermens, et, contrairement au texte formel de leurs engagemens, ont osé demander l'annulation du contrat librement et légalement consenti par eux.... Voilà la véritable source, l'unique cause du procès scandaleux qui va se vider par devant le tribunal de police correctionnelle de Paris.

» Or, nous venons librement jurer à nos Frères de tous les pays que le citoyen Cabet n'a jamais dit à personne de le suivre, qu'au contraire il a toujours fait entrevoir les plus grandes difficultés. « Que ceux qui sont disposés » à tout souffrir, à tout sacrifier, me suivent, a-t-il répété des milliers de fois ; » je ne veux avec moi des pionniers de l'Humanité.... Mieux vaut la » qualité que la quantité !.....»

» Ames pusillanimes ! vous avez abandonné vos Frères et ce noble vieillard qui ne vit et ne souffre que pour le Peuple ! Comment avez-vous pu revenir en dénonciateurs de celui auquel vous attachiez naguère votre salut ? Comment avez-vous osé revoir la France ? Mais si un lâche dépit ne vous serrait le cœur, nous vous dirions : Consultez les archives du ministère de la marine, et vous verrez ce qu'ont coûté d'hommes, d'argent, de sacrifices de toutes sortes, nos divers établissemens coloniaux ; et pourtant ils n'avaient pas, comme nous, un but moral et humanitaire !

» Allez ! vous êtes les dignes émules du jésuite Gouhenant ! Allez vivre en communauté dans un couvent, où les moyens de la vie vous seront préparés par ceux que vous aviez juré d'affranchir !

(*Suivent 1277 signatures.*)

Cette protestation, couverte de 1277 signatures et publiée le 2 septembre dans le *Populaire*, n'a pas empêché la condamnation : mais, signée par ces travailleurs Icariens que le *Constitutionnel* lui-même reconnaît (p. 110) aussi honnêtes et moraux que laborieux, elle n'en est pas moins digne de considération.

Protestation des Icariens de Lyon.

« Lyon, 30 octobre 1849,

» Les Icariens Lyonnais, en attendant la réformation du jugement de sep-

9

tembre, croient devoir protester, au nom de la vérité et de la pudeur, contre les faits et les conséquences de cet incroyable monument des fastes judiciaires.

» Tout est dénaturé, malgré les publications et les écrits du cit. Cabet, contre les affirmations de ses disciples qui témoignent hautement de sa probité, et contre les articles incriminés eux-mêmes qui donnent un démenti formel à l'accusation.

» On accuse sa prudence, on incrimine sa franchise! Mais il a signalé publiquement les travaux à exécuter, tous les dangers à vaincre!

» On fait un crime au cit. Cabet de son insuccès au Texas. Quand même le succès de Nauvoo ne serait pas une éclatante réhabilitation de la première tentative, à qui le fait de la non-réussite au Texas serait-il imputable? Est-ce à Cabet qui, après tant de sacrifices accomplis en France, partait pour aller consacrer son existence au bonheur de nos Frères au sein des forêts de l'Amérique, ou bien à ces infâmes renégats qui, après avoir trahi la mission sacrée de tout préparer pour jeter les fondemens d'Icarie sur les bords de la Rivière-Rouge, ont lâchement vendu leurs Frères et leur chef, et sont ensuite revenus pour les calomnier et les diffamer dans leur propre Patrie?

» Nous devons au vénérable citoyen Cabet ces appréciations, en témoignage de la vérité, du respect et de l'estime que nous lui avons voués. »

(*Populaire,* 2 décembre 1849.)   (*Suivent* 500 *signatures.*)

Protestation des Icariens de Marseille.

« Marseille, le 24 octobre 1849.

» Cher citoyen,

» Les Icariens de Marseille ont appris avec la plus profonde douleur l'issue déplorable qui a été donnée au procès intenté par quelques dissidens infâmes au citoyen Cabet, et ils viennent élever énergiquement la voix contre une aussi regrettable erreur de la justice humaine.

» Mais ce ne sont pas les Icariens seulement qui doivent être affligés d'une telle condamnation ; ce sont aussi tous les cœurs véritablement républicains qui doivent s'émouvoir en présence d'un fait inouï et déplorable. Tout ce qui respire de juste et de consciencieux en Europe ne pourra que blâmer cette accusation qui déshonore la France, et que la postérité désignera sans cesse comme un des plus grands crimes des temps modernes.

» La haute magistrature n'a pu vouloir flétrir le seul homme des sommités contemporaines reconnu pour incorruptible et vraiment vertueux ; cette magistrature n'aurait pas d'excuse dans sa sévérité, parce qu'elle ne peut se réfugier derrière l'ignorance des qualités morales de l'illustre accusé, et surtout parce que, plus que tout autre, elle a pu apprécier la conduite constamment droite, loyale et généreuse du citoyen Cabet, lorsque revêtu de la même robe qu'elle, il remplissait sous le dernier règne les hautes fonctions de procureur-général.

» Avant comme après, la vie de ce vénérable martyr n'a été qu'une suite perpétuelle de sacrifices, de dévoûment et d'abnégation ; personne ne l'ignore, tout le monde l'avoue, excepté ceux dont les passions politiques étouffent dans leur cœur tout sentiment de franchise. Mais cet homme plein d'amour fraternel, cet homme qui, déjà sur les bords de la tombe, marche encore avec tant d'intrépidité dans la voie douloureuse de la régénération sociale, cet homme que trois mille lieues séparent de l'objet de ses affections, cet homme enfin reviendra dans sa patrie pour demander lui-même à ses accusateurs et à ses juges s'ils connaissent sur la terre un seul individu plus probe que lui et avec une conscience plus tranquille que la sienne.

» De telles sentences ne peuvent souiller que les consciences qui les provoquent. L'homme juste ne peut s'en émouvoir ; il n'a qu'à jeter son nom à la foule pour être absout. Nous sommes profondément convaincus que l'impartialité des peuples, de même que la justice de Dieu, a déjà cassé un arrêt que la

France repousse, parce que loin de stigmatiser d'infamie ce front à jamais glorieux, elle tresse lentement pour lui la plus belle couronne civique. »

(*Suivent 56 signatures.*)

Protestation des Démocrates d'Orléans.

« Orléans, 9 octobre 1849.

» Citoyen,

» La haine et les persécutions dont on vous abreuve aboutissent à un but diamétralement opposé à celui que veulent atteindre vos ennemis : la dernière épreuve qu'ils viennent de vous faire subir a révolté de dégoût et d'horreur tous les hommes sincères. Non, quoi qu'ils fassent, ils n'obtiendront pas que ceux qui aiment et servent la Démocratie vous regardent comme un vil escroc ! — Cette fois, ils ont dépassé leur but, citoyen !...

» Nous ne serions pas des Démocrates dévoués si nous ne soutenions de nos sympathiques vœux tous les essais tentés par les chefs d'écoles. Vous êtes le seul parmi eux libre de faire aujourd'hui une expérience : à ce seul titre, quel est l'homme dans le camp de la Démocratie qui ne vous doive, au nom de la solidarité et de la Fraternité, aide et assistance ? L'expérience que vous avez commencée, est suivie avec anxiété par tous les Patriotes sincères, qui s'intéressent à la Colonie dont vous venez de jeter les premiers fondemens. A titre de Démocrates, et par l'immense intérêt qui s'attache aujourd'hui à tout ce qui tend à sortir courageusement des théories pour entrer dans la voie de la *réalisation*, nous vous adressons ce faible témoignage de nos sympathies.

» Permettez à des hommes qui ne se sont pas proclamés Icariens de vous donner l'assurance de l'admiration qu'excite en eux le dévoûment et le courage dont vous donnez l'exemple. Il y a, croyez-le bien, un grand nombre de cœurs dans toutes les classes de la société qui savent apprécier l'esprit de fraternité, d'activité et d'abnégation, dont vous faites preuve dans la périlleuse entreprise tentée par vous et vos dévoués adeptes.

» Courage citoyen ! L'œuvre que vous avez commencée avec des ressources si restreintes, dans des circonstances si défavorables, a une immense portée. Quelle gloire pour vous et pour vos dignes Icariens, si ce redoutable problème pouvait se résoudre !

» A vous de cœur. Salut et fraternité. »   (*Suivent 114 signatures.*)

Protestation des Réfugiés à Londres.

« Londres, le 15 octobre 1849.

» Citoyen rédacteur,

» Le jugement par lequel on a voulu frapper, dans la personne du citoyen Cabet, un des plus purs et des plus courageux serviteurs de la Démocratie, nous a profondément affligés sans nous surprendre. Quelles que puissent être les opinions sur un essai de colonisation, inspiré d'ailleurs par un sentiment de dévoûment si élevé, tous les Socialistes se considèrent comme atteints solidairement par le jugement rendu contre Cabet.

» Ne craint-on pas de sanctifier par là le banc de la Police correctionnelle ?

» Salut et fraternité.   *Les membres du Comité.*

Protestation des Icariens d'Alger.

« Alger, le 26 mai 1850.

» Citoyen,

» Témoins oculaires des énormes sacrifices consommés en pure perte pour la colonisation de l'Algérie, les Icariens d'Alger ne voyaient pas la tentative d'une émigration en Amérique sans une certaine inquiétude; comparant les ressources des colons africains avec l'immensité des obstacles que devait nécessairement rencontrer l'établissement d'une colonie si éloignée, ils ne pouvaient comprendre que des hommes de ce siècle eussent assez d'énergie, de volonté et de dévoûment pour vaincre toutes les entraves, les obstacles et les chances qui nous paraissaient d'abord insurmontables.

» C'est bien à nous qu'auraient pu s'appliquer ces paroles du Christ : « hommes de peu de foi, pourquoi doutez-vous ? » N'avez-vous pas pour guide le citoyen Cabet, le Patriarche de la Démocratie universelle, l'homme infatigable qui a donné au monde les preuves les plus éclatantes de son zèle et l'imposant spectacle d'une vie entière de dévoûment ?...

» Oui, cher et vénérable père, nous l'avouons, nous avons douté un instant ; mais nos doutes ne concernaient ni ton dévoûment ni ton énergie. Effrayés des difficultés de cette gigantesque entreprise, nous craignions que nos ennemis ne missent à profit les embarras d'une telle colonisation pour te perdre et par là reculer l'avènement de la Fraternité. Gloire à toi donc, illustre Citoyen ! Tu as surmonté, tu as franchi tous ces obstacles par ton courage, et aujourd'hui nous pouvons nous écrier avec vérité et enthousiasme : *le règne de la Fraternité approche*, car Cabet a vaincu !

» A son début, ton entreprise humanitaire n'a pas été exempte de revers ; mais échappant aux embûches de nos ennemis communs, tu as su rallier cette phalange de généreux Pionniers qui, après avoir quitté parens et amis, sont allés à leurs risques et périls inaugurer, à 4,000 lieues de la mère Patrie, la sublime doctrine révélée par l'Homme-Dieu.

» C'est de Nauvoo que tu éclaires le monde! Marche le front plus haut, malgré les calomnies et la haine de tes ennemis. Jette toujours aux vents de la publicité tes paroles et tes actes. Ta sagesse brille comme le soleil, et, comme cet astre, tu fécondes la terre en l'éclairant.

» Nous te présentons notre salut fraternel. »

(*Suivent 42 signatures.*)

Protestation des Icariens de New-York.

« New-York, le 25 octobre 1849.

» Considérant l'acharnement passionné que les organes des factions réactionnaires ont mis dans leurs commentaires sur le jugement qui a frappé le vertueux et dévoué Cabet, dans l'unique but de flétrir son nom et de discréditer ses doctrines dans les deux hémisphères, nous, soussignés, venons *protester* énergiquement contre une condamnation aussi inique qu'infâme et contre les ignobles manœuvres de ceux qui l'ont provoquée. »

(*Suivent 51 signatures.*)

L'Estafette, journal de Paris, fait allusion à cette protestation dans les termes suivans :

« Les partisans du système Icarien à New-York viennent de signer une protestation contre la sentence du tribunal de la Seine qui condamne Cabet. Parmi les signataires, qui sont nombreux, on trouve des noms américains avantageusement connus dans le commerce et l'industrie, et dont la position sociale est solidement établie. »

Beaucoup d'autres protestations ont été envoyées, notamment par :

ALBI, 10 signatures; — ALGER, 42; — ANGERS, 12; — AUTUN, 52; — AVIGNON, 36; — BORDEAUX, 155; — CHALON-SUR-SAÔNE, 40; — CHOISY-LE-ROY, 20; — ELBEUF, 6; — LIMOGES, 200; — LOUVIERS, 11; — MAISON-BLANCHE, 20; — MIRECOURT, 5; — NANTES, 6, représentant une masse ; — NIORT, 33; — ORLÉANS, 16; — PERPIGNAN, 9; — REIMS, 65; — RENNES, 36; — ROUEN, 6, représentant une masse ; — TOULON, 117; — VIENNE, 47, etc., etc., etc.

Et toutes ces manifestations sont rédigées loin de moi, en mon absence ! Et je voudrais bien savoir quel est le juge ou quel est le membre du Parquet pour qui l'on en rédigerait de pareilles ! Voici maintenant celle de la Colonie et la mienne.

§ XVIII. — Protestation de la Colonie.

« Nauvoo, le 10 novembre 1849.

« Un cri unanime d'indignation a accueilli parmi nous la lecture de l'inqualifiable procès dirigé contre notre vénéré chef. De vils ou aveugles instrumens de calomnie se sont mis aux gages du parti égoïste, éternel oppresseur de l'Humanité, pour lancer leur venin sur l'un de leurs plus ardens défenseurs. Nous, disciples de cet Apôtre dont le cœur et la voix se sont inspirés du plus profond amour des hommes ; nous, témoins continuels de son dévoûment, de son abnégation ; nous, qu'il n'a jamais quittés un instant depuis qu'il est parti à notre tête, partageant nos travaux et toutes nos privations ; nous qui, sous sa conduite, sommes arrivés maintenant au-delà de ce que nous espérions pour cette époque avant de quitter la terre désolée de France ; nous qui l'environnons ici de notre reconnaissance et de notre amour, nous *protestons* hautement contre la sentence qui a prétendu flétrir une vertu si pure. L'égoïsme craint pour son règne ; mais, sa rage sera impuissante contre celui que les attaques de nos communs ennemis grandissent à nos yeux comme elles le grandiront plus tard aux yeux du monde régénéré. »

Cette protestation a été adoptée à l'unanimité par l'Assemblée générale.

§ XIX. — Je proteste encore moi-même.

2e *Lettre à Louis Napoléon.*

« Nauvoo, 12 novembre 1849.

» Citoyen président de la République,

» Lorsque je me suis adressé à vous dans une première lettre le 13 septembre dernier, quelque absurbe et quelque odieuse que fût l'accusation d'escroquerie lancée contre moi par vos agens, je prévoyais ma condamnation comme indubitable, parce que ma persécution était évidemment une affaire exclusivement *politique*, une espèce de coup d'état médité contre moi pour essayer de me tuer moralement après que d'autres ont tant de fois essayé de me tuer réellement.

» Me voici, en effet, condamné (le 29 septembre), et je l'apprends à Nauvoo, à 3,000 lieues de la France.

» La condamnation est motivée sur ce prétendu fait « que la compagnie Peeters n'aurait fait aucune concession à Cabet. » Eh bien ! le traité contenant la concession Peeters a été écrit et signé à Londres, le 3 janvier 1848, par M. Peeters en présence du docteur en médecine M. Berrier-Fontaine, depuis grand fonctionnaire public, que vous connaissez bien puisqu'il était un de vos médecins en Angleterre ; ce même traité a été communiqué au juge d'instruction M. de Saint-Didier, dans le procès de Saint-Quentin ; je l'ai encore entre les mains; et si j'avais pu soupçonner qu'on aurait la témérité de nier l'existence de ce traité pour m'accuser de mensonges et de manœuvres frauduleuses, je l'aurais envoyé avec plusieurs lettres confirmatives de M. Peeters.

» Et c'est sur un pareil motif que deux de vos juges se hasardent à flétrir et à déshonorer en son absence, sans l'entendre et sans le prévenir, un homme connu par une longue vie de désintéressement, de dévoûment, de franchise et de probité, un homme souvent honoré des témoignages d'estime de ses concitoyens !... Est-ce là, je vous le demande, de l'impartialité et de la justice, même de la prudence et de la sagesse ?... Et si j'étais indigné, quelque vive que fût mon indignation, ne serait-elle pas bien légitime, quand il s'agit de défendre mon existence morale?

» Je suis condamné comme coupable de tromperie, de manœuvres frauduleuses et d'escroquerie, puisqu'on a prononcé ce mot ! — Me voilà condamné comme escroc !... Ah ! c'est infâme ! C'est une infamie !... Oui, une infamie, mais pas pour moi ; car personne, ni vous ni aucun autre, ne croira que je puisse être un escroc ! C'est une infamie pour les délateurs, pour les témoins, pour !... C'est une honte pour votre gouvernement, pour votre magistrature, pour notre pays ! Car enfin, y a-t-il un homme, prince ou non prince, qui, par caractère et par tempérament, soit plus à l'abri de toutes les espèces de séductions et de corruptions, et qui puisse soumettre à l'examen une aussi longue vie de désintéressement, d'abnégation, et de dévoûment à la cause de l'Humanité souffrante ?

» Aussi, je *proteste* avec toute l'énergie que peut inspirer le sentiment d'une grande injustice ; je ne cesserai de protester jusqu'à ce que j'aie fait anéantir cette œuvre d'erreur et d'iniquité ; et si je ne tombe pas victime d'un dévoûment prolongé, j'irai en *mai* ou *juin*, demander à mes juges la réformation d'une sentence surprise par la plus odieuse calomnie.

» En attendant, je n'en marcherai pas moins la tête haute ; je n'en poursuivrai pas moins ma mission régénératrice, et je n'en ferai pas moins appel à tous les cœurs généreux pour m'aider à surmonter tous les obstacles que les ennemis du progrès s'acharnent à accumuler dans ma carrière.

CABET.

Aussitôt que j'apprends, à Nauvoo, le jugement par défaut du 29 septembre, j'y forme *opposition* et j'écris au Président du Tribunal la lettre suivante :

OPPOSITION. — 1re *Lettre au Président du Tribunal à Paris.*

« Nauvoo, décembre 1849.

» Monsieur le Président,

» Un jugement par défaut rendu contre moi le 29 septembre 1849, par le tribunal correctionnel que vous présidiez, m'a déclaré coupable d'escroquerie.

» Il m'est bien cruel que les magistrats aient pu me croire capable d'une pareille infamie, moi, ancien Procureur-Général, ancien Député, bien connu par une longue vie de frugalité, de désintéressement et d'abnégation.

» Mais cette condamnation a été prononcée en mon absence, pendant que j'étais à Nauvoo, en Amérique, à trois mille lieues de France, sans que j'aie été ni défendu ni entendu, sans que j'aie pu même connaître les faits sur lesquels se basait l'accusation.

» Le principal motif de cette accusation, c'est que le traité Peeters n'aurait jamais existé : eh bien ! j'ai ce traité entre les mains, et je pourrai le produire au tribunal, comme je l'ai produit déjà au tribunal de Saint-Quentin.

» Tous les autres faits sont autant de mensonges et d'abominables calomnies au moyen desquels des malheureux ont surpris la religion du Tribunal.

» Déjà l'immense majorité des parties intéressées ont protesté contre l'accusation et la condamnation.

»Pour moi, j'ai déjà protesté et je ne cesserai de PROTESTER avec toute l'énergie que peut inspirer la conscience, contre l'erreur de la justice, résolu à ne négliger aucun des moyens que m'accorde la loi pour obtenir la réparation de cette erreur.

» J'ai chargé et je charge mon mandataire de former *opposition* au jugement par défaut. Je réitère ici cette opposition, et je prie le Tribunal de la recevoir et de remettre la cause à la fin de juillet.

» Obligé de sacrifier tous mes intérêts personnels au salut ou au bien-être de la Colonie à laquelle j'ai dévoué mon existence, il m'est absolument impossible de la quitter pour me rendre à Paris avant cette époque; mais alors, j'irai en France pour demander justice et confondre de misérables calomniateurs qui m'appelaient leur père et que j'ai la douleur de ne pouvoir appeler maintenant que des enfans parricides.

» Je suis, etc.   CABET. »

§ XX. — Pamphlet de la Police invoquant Proudhon pour faire condamner Cabet.

Pour influencer la Justice, la Police fait composer et répandre à profusion, partout, au prix d'un sou un pamphlet intitulé *Confessions d'un Communiste-Icarien.*

Ce pamphlet n'est rien autre chose que le résumé très exact et dramatiquement raconté des déclarations des témoins et du réquisitoire de l'accusateur. Il parle continuellement de moi, de mon *Voyage en Icarie*, de mes doctrines et de l'émigration. Il est exclusivement consacré à me combattre et à préparer ma condamnation.

« Les tristes vicissitudes que les Communistes-Icariens ont éprouvées, dit-il dans sa conclusion, doivent porter avec elles un enseignement. Elles démontrent aux classes laborieuses, exploitées de préférence par les faiseurs de théories, que ces hommes, qui commencent par les flatter pour les entraîner à leur suite, deviennent peu à peu des maîtres impitoyables qui les précipitent, sans souci de leur vie, dans les tentatives les plus hasardeuses.

» Quoi! parce qu'il a plu à M. Cabet de rêver pour la Société une forme nouvelle, il faut que des familles entières, dussent-elles être sacrifiées, servent à ses expériences!

» Quoi! parce que M. Cabet a créé dans son imagination je ne sais quelle nation impossible, organisée sur le principe de la Communauté, il faut qu'il arrache à leur patrie des hommes qu'il séduit et qu'il trompe, pour qu'ils aillent dans le désert, par delà la civilisation, sur les bords du Mississipi, faire à leur dépens l'essai de son système!

» L'humanité peut-elle être ainsi le jouet d'esprits déréglés ou de cerveaux malades? Est-elle donc à la merci de ces réformateurs qui, sous prétexte d'améliorer la société, la troublent et la bouleversent jusque dans ses fondemens? »

C'est presque la répétition du Réquisitoire prononcé par l'accusateur devant le Tribunal (p. 110 et 111); c'est un second réquisitoire.

Ainsi, cela n'est pas douteux, et c'est un fait bien remarquable, la Police fait et répand à profusion un pamphlet pour obtenir ma condamnation!

Du reste, pour me faire condamner, la Police ne croit pouvoir rien faire de mieux que de citer Proudhon en terminant :

» Voilà, M. Cabet toute votre doctrine résumée en peu de mots. La raison publique ne peut que faire justice de cette doctrine que vous osez prêcher comme remède à tous nos maux... En attendant, quel mal n'avez-vous pas fait? Un de vos confrères en Socialisme, M. Proudhon, a jugé le Communisme plus sévèrement que nous; il a dit, dans un de ses plus fameux ouvrages :

« Le Communisme, pour subsister, supprime tant de mots, tant d'idées, tant » de faits, que les sujets formés par ses soins n'auront plus le besoin de par- » ler, de penser, ni d'agir ; ce sont des huîtres attachées côte à côte, sans ac- » tivité ni sentiment, sur le rocher.. de la fraternité. »

» Et quelques pages auparavant, M. Proudhon s'était écrié :

« Loin de moi, Communistes! Votre présence m'est une puanteur et votre » vue me dégoûte! »

» La doctrine de M. Cabet, conspuée par M. Proudhon, M. Cabet lui-même accusé par les Communistes devenus ses victimes et condamné par le Tribunal de police correctionnelle, quelle leçon pour tous!

Oui, voilà ce que veut la Police, de compagnie avec M. Proudhon.

§ XXI. — Odieux libelle de onze dissidens à Saint-Louis.

Le 1er mars 1850, assez tôt pour que la pièce puisse arriver à Paris avant l'audience du 2 avril fixée pour le jugement de mon opposition à la première condamnation par défaut, onze anciens dissidens et cinq femmes, retirés à Saint-Louis, signent et envoient à Paris, contre moi, un libelle qu'ils savent bien être de nature à plaire à nos ennemis et à appuyer ma condamnation. Ils m'accusent :

D'incurie et de mauvaise administration; — de m'être fait proclamer dicta- teur, le 2 avril 1849; — d'avoir ainsi brisé le contrat social; — d'avoir tout acheté en mon nom personnel; — d'avoir fait une guerre acharnée au sys- tème Raspail, pour conserver le système minutieux de l'homœopathie; — d'a- voir désarmé les Colons, d'avoir fait vendre une partie de leurs armes et de les avoir empêchés de chasser; — de leur avoir fait donner l'excédant de leur trousseau pour l'enfouir dans mon magasin; — de les avoir forcés de signer des lettres collectives mensongères; — d'avoir établi un bureau de censure qui supprimait toutes les lettres qui pouvaient me déplaire personnellement; — d'avoir défendu aux pères et mères de parler à leurs enfans; — d'avoir, séparé des époux; — d'avoir ainsi détruit la famille; — d'avoir imposé des règlemens inutiles; — de les avoir accusés (eux dissidens) d'être Jésuites ou soutenus par les Jésuites; — d'avoir le cœur froid et insensible (puisque je ne leur ai pas donné de l'argent quand ils nous ont quittés en ennemis); — de leur avoir imposé le système cellulaire en leur défendant de parler à aucun des habitans; — d'avoir établi un magasin à Saint-Louis sous le nom de deux individus dont l'un est étranger à la Société; — d'avoir de l'orgueil et de la vanité...

Et ce libelle est signé :

BRACONNIER, tailleur; — GAVILLOT, menuisier, raspailliste; — SAINTE- MARIE, tailleur; — BECQUEREL, tôlier; — SALVAN, chapelier; — BOCCASSI, tailleur, raspailliste;— DELIGNY, mécanicien, et sa femme; — LEUILLIER, raspailliste, et sa femme ; — COUTELIER (Lucien), mécanicien, et sa femme ; — SIMON, charpentier, et sa femme ;—FAYART (Alexandre), cordonnier, et sa femme.

Je ne m'abaisserai pas à refuter ces faits et ces accusations.

Cependant, il y a là tant d'audace qu'il est difficile pour des étrangers de croire que les signataires puissent être assez insensés et assez aveugles pour oser affirmer des faits qui doivent être à la connaissance de toute la Colonie et sur lesquels ils peuvent être démentis.

Mais j'affirme, moi, que tous ces faits, absolument tous, sont complétement faux ou ridiculement appréciés ; que ces dissidens ont été entraînés par leurs femmes, qui n'étaient nullement Icariennes, et qui n'avaient été admises que parce que leurs maris m'avaient indignement trompé sur elles ; que leurs défauts les rendent indignes d'aucune confiance ; et que leur désertion, leurs calomnies et leurs hostilités soit contre leurs anciens frères, soit contre moi, sont vraiment inexcusables.

J'affirme que beaucoup d'entre eux, qui n'allaient jamais à la messe en France, y sont allés en Amérique immédiatement après leur dissidence et leur désertion ; qu'ils ont reçu des catholiques des secours proportionnés à leurs manifestations pieuses ou hypocrites ; et que, dans ma conviction, les malheureux ont eu la faiblesse de se rendre les instrumens des Jésuites de France et d'Amérique et des réactionnaires.

Vous verrez tout à l'heure comment *Proudhon*, à qui ils envoient leur libelle diffamatoire, l'exploitera contre Icarie et contre moi !

Peut-être même est-il, comme la lettre de Potey (p. 106), envoyé, à mon insu, à l'accusateur public, et peut-être sert-il comme la *Confession d'un Icarien*, a déterminer la seconde condamnation par défaut contre moi.

Nous verrons tout à l'heure *Proudhon* exploiter ce libelle pour essayer de tuer le Communisme : mais 4 autres dissidens qui se trouvent à Saint-Louis refusent de le signer ; 34 Icariens protesteront contre à la Nouvelle-Orléans le 15 avril, sans que ceux dont les 11 dissidens solliciteront la signature osent la donner ; et dès que la Colonie en aura connaissance, le 1er juin, elle protestera unanimement contre cette œuvre abominable.

Voici d'abord la réponse de la Nouvelle-Orléans :

§ XXII. — Réponse de 34 Icariens de la Nouvelle-Orléans.

« Nouvelle-Orléans, 15 avril 1850.

« Quelques dissidens perfides en résidence à Saint-Louis, afin de flétrir le Gérant d'Icarie, font circuler une liste à la Nouvelle-Orléans pour recueillir des signatures, et préparent une horrible trâme dans l'intérêt des ennemis du Peuple. Ils emploient tous les moyens et toute espèce de mensonges pour que l'inique jugement en escroquerie rendu à Paris soit *confirmé* dans le but d'empêcher l'élection du citoyen Cabet à la représentation nationale.

» Nous soussignés, connaissant parfaitement toute cette affaire, dans l'intérêt du Peuple, de la justice et de la vérité, nous protestons de toutes nos forces et repoussons énergiquement les infâmes et monstrueuses accusations dirigées contre le citoyen Cabet, par des hommes parjures et insensés, qui se disaient nos Frères tandis qu'ils n'étaient que des égoïstes et des ennemis de l'ASSOCIATION FRATERNELLE. »

(*Populaire*, 2 juin 1850.)   (*Suivent 34 signatures.*)

Voici maintenant la réponse des Icariens de Nauvoo au libelle.

§ XXIII. — Réponse de la Colonie.

« Nauvoo, ce 1er juin 1850.

» Depuis longtemps nous ne sommes plus surpris d'aucune attaque.

» Toute arme est bonne pour tuer, s'il est possible, le Promoteur et le Directeur de notre essai pratique de Socialisme, lequel essai froisse tant de théories et de petites vanités, effraie et met en péril tant de respectables priviléges. Aussi, de jour en jour, nous nous attendons à ce qu'un journal, plus ou moins sérieux, affirme, sur la foi d'un seul individu au besoin, que M. Cabet a mis le temple de Nauvoo dans sa poche et s'est enfui avec, ladite annonce appuyée, bien entendu, par un foudroyant article sur les résultats déplorables, subversifs, etc., des doctrines communautaires.

» Et il faut bien que nous répondions à toutes ces niaiseries ; car plus elles sont absurdes, et plus elles sont exploitées avec succès par nos adversaires : nous devons y répondre; car elles attaquent, dans le vénérable Cabet, cette incarnation du dévoûment et de l'amour humanitaire, la tête, le cœur, et par conséquent tous les membres de notre Société naissante.

» Cependant, nous ne croyons pas nécessaire de réfuter les accusations des onze martyrs et de leurs cinq épouses ; les faits qu'ils énumèrent sont par trop puérils ou par trop perfidement mensongers.

» Ainsi, la Gérance unique, consentie par tous les Icariens avant le départ de France et qui, par conséquent, n'a pu être proclamée à Nauvoo, cette Dictature, indispensable au début de notre entreprise, s'est transformée en Assemblée souveraine composée de tous les Associés ; et cette transformation s'est opérée de par la tyrannie de notre ambitieux dictateur lui-même. Nous avouons pourtant que ni lui ni nous n'avons encore trouvé le moyen de vivre fraternellement en société sans que la minorité se soumette à la majorité. Nous avons bien pensé à l'état de sauvage complètement isolé, mais cela ne nous semble pas assez civilisé.

» La vanité et la méchanceté rendent nos déserteurs un peu bien insolens à notre égard : nous sommes trois cents, presque tous anciens Patriotes, Républicains ou Révolutionnaires, par conséquent nullement disposés à laisser porter atteinte à notre dignité et à notre liberté ; et voilà que, selon ces Brutus protestans, nous serions trois cents imbéciles subissant (car notre règle sociale est sans exception pour personne) une organisation niaise et despotique !

» A notre tour nous protestons !...

» Oui, nous sommes heureux ! Et qui le croirait, c'est la prospérité croissante, la fraternelle harmonie de notre petite République, dues au génie organisateur, au caractère ferme et conciliant de celui que nous appelons avec raison notre Père ; c'est notre réussite, enfin, qui pousse tous les malheureux dissidens à se ruer sur un homme digne de l'amour et de la vénération universelle ! Tous ces déserteurs de notre cause, tous ces génies incompris, ne nous avaient-ils pas condamnés à périr sitôt après leur départ ? Et notre marche courageuse à travers les maladies, les défections et les immenses difficultés d'un début de colonisation, cette marche que couronne le succès, n'est-elle pas le plus écrasant reproche de leur lâche abandon au moment du danger ? Aussi, dans leurs regrets ou leur colère d'avoir été faibles et vaniteux, rien ne leur coûte, rien ne leur coûtera pour voir se réaliser leur odieuse prédiction !...

» Périssent ceux qu'ils avaient appelés leurs Frères et leurs Sœurs, et qu'ils avaient juré de défendre ; périssent les veuves et les orphelins, les vieillards et les infirmes qu'ils ont délaissés et que nous avons adoptés ; périsse la Démocratie, dont Cabet est le plus dévoué, le plus intègre défenseur, et dont son œuvre, notre Icarie, sera bientôt peut-être le seul refuge ; périsse enfin, s'il le faut, toute l'Humanité, dont nous sommes les pionniers sur la route du progrès, pourvu que notre perte colore leur parjure et leur parricide du nom de sage et prudente prévision !

» Nous plaignons ces malheureux ; car ils ne comprennent pas toute l'infamie de leur conduite. Ils se disent Républicains et Socialistes, et, dans leur aveuglement, ils fournissent des armes à tous les ennemis de la République et du Socialisme, sans voir que leur folle rage est excitée et exploitée contre la Démocratie et le Progrès par l'Aristocratie et le Jésuitisme !

» Oui, nous plaignons ces insensés qui, toujours dupes et victimes des Pharisiens, des Scribes et des Prêtres, demandent encore, après dix-neuf siècles, a mort de ceux qui se dévouent au salut du Peuple ! »

La présente réponse a été lue, discutée et adoptée en Assemblée générale.

Le vice-président, BARRIÉ.

Le secrétaire, LINTILHAC.

§ XXIV. — 3ᵉ Lettre à Louis-Napoléon.

« Nauvoo, 2 avril 1850.

» Citoyen Président,

» Le numéro du journal *la Presse*, publié à Paris le 13 février, et qui vient de m'arriver à Nauvoo, hier 1ᵉʳ avril, reconnaît que j'ai rendu à la Société française un incalculable *service* en consacrant ma vie, mes travaux et mes nombreux écrits à éclairer le Peuple, à le moraliser, à le faire entrer dans la voie de la Réforme pacifique plutôt que dans celle de la révolution violente, et spécialement en détournant le Peuple de la vengeance après la dernière révolution de février 1848 ; et aujourd'hui 2 avril, jour fixé pour le procès qui m'est intenté, votre tribunal correctionnel de Paris me refuse probablement le délai qui me serait nécessaire pour que je pusse aller d'Amérique en France, repousser d'infâmes calomnies, et me condamne une seconde fois pendant mon absence pour m'assassiner moralement s'il est possible. — Cette singulière coïncidence de l'éloge qui m'arrive hier de Paris à Nauvoo, et de la condamnation qui me frappe à Paris aujourd'hui, me détermine à vous adresser ces quelques lignes.

Ici je lui cite l'article de *la Presse* du 13 février (p. 50), qui se termine par ces mots :

« *Jamais* peut-être SERVICE PLUS GRAND ne fut rendu à la *Société !*
» Je prends acte de cet aveu.

» Et qui fait cet aveu remarquable? *Emile de Girardin*, un écrivain qui a toujours combattu pour les classes privilégiées, à la tête ou dans les rangs de nos ennemis politiques, un homme que paraît entraîner aujourd'hui la force de la vérité, un homme qui ne peut être suspect ni à l'Aristocratie ni à vous, un homme qui sera bientôt votre ministre ou celui de votre remplaçant!

» Et le même aveu a été fait depuis longtemps sous des formes diverses, par une multitude de journaux et d'écrits (p. 50), même par des rivaux ou des adversaires ou des ennemis, qui ont reconnu et déclaré que j'ai été l'un des premiers députés qui ont parlé de République, dès 1832, — que j'étais à la tribune l'organe le plus avancé de la Démocratie, — que personne n'a combattu avec plus d'énergie les bastilles et les embastilleurs, — que je n'ai pas craint de risquer ma popularité pour moraliser le Peuple (1), — et que, dans le grand événement de la Révolution, c'est à ma proclamation du 25 février, qui criait : *Pas de vengeance!* qu'on a dû la magnanime modération des Icariens et du Peuple.

» L'effet de cette proclamation a été immense, dit aujourd'hui le rédacteur en chef de la *Presse*; et jamais peut-être, ajoute-t-il, service plus grand n'a été rendu à la Société.

» Eh bien ! toutes les polices et tous les gouvernemens auront beau prodiguer contre moi la calomnie et la persécution (pour empêcher mon élection), ils ne pourront jamais m'enlever l'ineffable satisfaction d'avoir rendu un grand service à cette France que vous présidez.

» Et comment me témoignez-vous aujourd'hui la reconnaissance de cette Société au nom de laquelle vous parlez et commandez à vos agens? — Vous me laissez calomnier et persécuter bravement pendant mon absence, quand je ne puis être là pour me défendre; vous me laissez accuser d'une infamie contre laquelle protestent mon caractère longtemps éprouvé, ma longue vie tout entière, mes nombreux écrits, d'innombrables protestations venues de tous côtés, et l'immense service du 25 février 1848. Sous le nom de République, vos agens font pire que n'a fait la Monarchie, et sous le nom de Napoléon pire que n'a fait Louis-Philippe. En torturant le sens des lois, l'on emprisonne mes correspondans de Lyon et de Rouen, pour effrayer et m'enlever tous mes correspondans dans toutes les autres villes, on veut empêcher, par une voie détournée, la publication de mes écrits, tuer mon journal le *Populaire*, qui fait connaître les progrès et l'organisation de notre Communauté Icarienne à Nauvoo, en Amérique.

» Et pourquoi donc veut-on tuer ma propagande légale et pacifique et mes écrits moralisateurs? Craint-on donc que je parvienne à faire préférer au Peuple la discussion à la violence et la Réforme à la Révolution.

(*Populaire* du 2 juin 1850.)   » CABET. »

Ainsi, je devinais : le 2 avril, à Nauvoo en Amérique, à trois mille lieues de Paris, à l'heure où le tribunal correctionnel tenait son audience, franchissant le continent et l'Océan, mon œil et mon oreille voyaient et entendaient mon défenseur, Henri Celliez, demander la

---

(1) Un journal communiste allemand, qui se publiait à Londres en 1847, et qui combattait l'Emigration, disait cependant :

« Avec la même conviction que tous les Communistes, nous reconnaissons » avec joie que Cabet a lutté et lutte avec succès, avec un zèle infatigable, avec » une constance admirable, pour la cause de l'Humanité souffrante, et que, » par ses avertissemens contre les conspirations, il a rendu aux Prolétaires un » immense service. »

remise de mon affaire, et le Président répondre : non ! et le tribunal ajouter : condamné par défaut !

Et je devinais bien. Et si j'étais superstitieux, je me croirais prophète ; car bien souvent j'ai deviné juste, comme je devinerai juste, envers et contre tous, quant au résultat définitif du procès.

§ XXV. — 2me condamnation par défaut, du 2 avril.

Quand, à la première audience, le 22 juin 1849, au commencement de l'affaire, mon mandataire demandait qu'on observât à mon égard le délai légal des assignations en pays étranger, c'est-à-dire un délai de six mois au moins, l'accusateur répondit que cette observation du délai était indifférente, parce que, en quelque temps que je me présentasse, même dans un an, deux ans, etc., la justice recevrait mon opposition et examinerait de nouveau l'affaire pour réformer ou confirmer son jugement par défaut, essentiellement provisoire : mais vaine illusion ! A peine le jugement du 29 septembre fut-il rendu qu'on s'empressa de me signifier ce jugement à Paris, le 16 octobre, en sorte que mon mandataire fut obligé de former opposition dans les trois jours, le 18 ; et je fus assigné, encore à Paris, pour le 18 décembre.

Ce jour là, 18 décembre, mon mandataire demanda la remise au mois de *mai*, espérant que je pourrais être averti assez à temps pour me rendre à Paris avant cette époque : mais le Tribunal n'accorda que jusqu'au 2 avril, ce qui était matériellement insuffisant à cause de la lenteur et de l'incertitude des communications pendant l'hiver.

J'avais écrit au Président du Tribunal (page 134) qu'il me serait *impossible* de me rendre à Paris avant la fin de *juillet* ; mais ma lettre ne pût lui parvenir qu'après le 18 décembre, et je me trouvai définitivement assigné le 18 décembre pour le 2 avril, sans qu'il me fût possible de me rendre à cette époque.

Aujourd'hui, 2 avril, mon défenseur affirme qu'il m'a été impossible de me rendre à Paris, et prie le Tribunal de m'accorder une nouvelle remise, remise que je lui ai demandée moi-même en lui écrivant en décembre qu'il me serait impossible d'être à Paris avant la fin de juillet : mais le Tribunal répond affirmativement que j'ai eu tout le temps de me présenter devant la justice, refuse la remise demandée et me condamne une seconde fois par défaut, sans aucun débat, sans aucune défense, en sorte qu'il ne me reste plus d'autre moyen que d'interjeter appel, ce que va faire mon mandataire, en mon nom.

Mais quelle précipitation ! quelle rigueur envers un absent, envers un homme qui se dévoue pour une telle cause, et qui a rendu tant de services à son pays !

Et comment le Tribunal peut-il être sûr, certain, sans aucune espèce de doute, que j'ai eu tout le temps de me rendre ?

Et s'il se trompait !... Eh bien, oui, il se trompe ! car il m'a été impossible, absolument impsssible d'être à Paris en avril 1850 ; et bientôt personne n'en doutera.

§ XXVI. — Violentes attaques de Proudhon contre Cabet et le Communisme.

Dans le n° 5 du 17 avril du journal de Proudhon (la *Voix du Peuple*), celui-ci, qui a attaqué Louis Blanc, Pierre Leroux, le Socialisme et les Socialistes en général, autant que la Réaction pouvait le désirer, fait maintenant comme le *Constitutionnel*, l'*Assemblée nationale*, les *Débats* et tous les journaux réactionnaires ; il publie le libelle du 1er mars que lui ont envoyé les 11 dissidens de Saint-Louis, parce qu'ils connaissaient sa haine contre le Communisme, et par conséquent contre Icarie et contre moi ; et il fait suivre cette publication des réflexions les plus hostiles.

Entraîné cependant par la force de la vérité, il commence ainsi :

« Il résulte d'abord de cette pièce, et nous le remarquons avec joie, que les disciples actuellement séparés de M. Cabet n'accusent point leur maître d'indélicatesse d'aucune sorte ; les accusations d'escroquerie soulevées contre M. Cabet, à l'occasion de sa tentative de colonie icarienne, tombent devant ce témoignage irrécusable. »

Ainsi, aux yeux même de Proudhon, qui est bien certainement un ennemi déclaré, les deux condamnations par défaut en escroquerie sont une erreur flagrante de la justice !... Et je n'en suis pas moins resté, dit-il, un homme *honorable* !

Puis, il déclare qu'il n'y a pas de milieu entre le système de la communauté de M. Cabet et son système (indéfini) à lui, Proudhon, prétendant que Louis Blanc, Pierre Leroux et les fouriéristes, ne sont rien que des Communistes ; en sorte qu'il veut tuer tous les systèmes Socialistes en tuant mon Communisme icarien.

Puis, il déclare encore qu'il regarde comme un devoir de faire le *jour* sur les doctrines et les *personnes*, et par conséquent sur moi.

Puis il soutient qu'il ne m'a jamais considéré que comme un homme profondément *ignorant*, IMPUISSANT et *ridicule*. Ne trouvera-t-on pas que c'est un peu brutal et même impertinent ou plutôt risible, même pire, dans l'intention, que ce qu'ont dit les principaux journaux réactionnaires?

Et il lui va bien de parler d'impuissance, lui qui a tant organisé, tant construit, si bien réussi dans la *Banque du Peuple*, et ailleurs!....

Enfin, considérant les 11 signataires du libelle comme des anges ou des saints, et leurs allégations contre moi comme étant la vérité même, il fait le portrait suivant d'Icarie :

« Tous les désordres, tous les vices, toutes les vexations du régime actuel se reproduisant, avec une fureur d'aggravation, dans la communauté égalitaire et fraternelle d'Icarie ; la concentration des pouvoirs, la suppression des libertés, l'intolérance des opinions, le désarmement des citoyens, la violation du domicile, les mensonges officiels, les tripotages administratifs, la délation érigée en système, la censure établie sur les lettres privées, sur les communications domestiques, sur les affections de famille ; l'inquisition, enfin, l'exploitation gouvernementale ; dans ce qu'elles ont de plus outrageant, de plus immoral, et, pour tout dire, la distinction des classes, la division du peuple en majorité et minorité ; une majorité qui se dit satisfaite et une minorité qu'on opprime, voilà le spectacle que nous donne la protestation, si éloquente dans sa naïveté, de ces malheureux Icariens. »

Et moi je dis : Voilà un bel amas d'erreurs et de calomnies répétées, sans examen, contre moi, absent, sans m'avoir consulté, par un écrivain qui se disait autrefois mon ami, qui voulait, en parlant de moi dans ses écrits, me rendre immortel et me signaler à la reconnaissance nationale à cause des services que j'avais rendus au pays, mais qui, plus tard, quand il se fut déclaré ANARCHISTE, se déclara l'ennemi effréné des Communistes, en disant d'eux : « Loin de moi, Communistes, votre présence m'est une puanteur, et votre vue me dégoûte ! »

Il est vrai que tout cela n'est inspiré que par l'intérêt de son propre système, L'ANARCHIE; mais ce qui est plus grave, c'est la déloyauté qui accompagne toutes ces attaques; car écoutez :

Mais auparavant, voyons la Réponse que j'ai envoyée à Proudhon.

§ XXVII. — Réponse à Proudhon.

« Vous considérez comme un devoir pour vous de publier cette protestation, dans l'intérêt des idées sociales, de la Démocratie, de la Révolution et de la Société, pour que la vérité se manifeste envers et contre tous, pour que le jour se fasse sur les personnes et sur les doctrines : j'espère donc que, dans le même intérêt, vous considérerez comme un devoir encore de donner la même publicité et la même place à la double réponse faite par les Icariens de Nauvoo à la protestation des 11 déserteurs, et par moi à vos propres critiques. — Je commence.

» Vous affirmez que vous n'avez jamais cessé de regarder M. Cabet comme un homme profondément ignorant, et vous ajoutez que parce qu'il a voulu substituer l'initiative de l'État à l'initiative individuelle, il a été impuissant et ridicule. — Souffrez, Monsieur, que je vous fasse observer que ce langage n'est guère poli; que, dans votre énergie habituelle, vous l'appelleriez peut-être brutal, si quelqu'un l'employait envers vous; et que plus de réserve et de modestie ne dépareraient pas la science infinie et l'incommensurable génie de l'incomparable Proudhon. — Mais si vos expressions, quelque peu trop énergiques, pouvaient me choquer et m'affliger, ce ne serait pas pour moi, car pour moi je me permets d'en rire, persuadé que vous ne les avez pas employées sérieusement et avec réflexion, convaincu que vous ne pouvez pas vouloir réellement accuser personne d'ignorance, d'impuissance et de ridicule pour n'avoir pas réalisé, en un jour et du premier coup, au milieu de la plus violente persécution, la création et l'organisation d'une grande Colonie et d'une Nation nouvelle, c'est-à-dire l'entreprise la plus gigantesque, la plus compliquée, la plus entravée par le pouvoir, la plus difficile et la plus longue.

» Vous qui, malgré votre *science* profonde et votre immense *puissance*, n'avez pas eu le moindre succès dans votre tentative de création d'une *Banque du Peuple*, vous trouveriez certainement illogique qu'on partît de cet insuccès pour dire que Proudhon est profondément ignorant, impuissant et ridicule!

» J'arrive à la protestation.

» Vous l'admettez comme l'irrécusable témoignage de la vérité, comme ne contenant que des faits vrais et incontestables; les signataires, hommes et femmes, ne sont à vos yeux que de malheureuses victimes qui font entendre des plaintes éloquentes et naïves.... Mais qu'en savez-vous? Vous ne les connaissez pas: vous ne les avez jamais vus; vous ne leur avez jamais parlé; vous ne savez rien ni de leur conduite, ni de leurs actes, ni de leurs qualités ou de leurs défauts, ni de leurs vices ou de leurs vertus.... et vous les croyez sur parole! Vous savez seulement que ce sont des disciples révoltés contre leur maître, après avoir longtemps étudié et adopté sa doctrine, après lui avoir longtemps et volontairement prodigué les témoignages de respect, de reconnaissance et d'amour presque filial..... Vous vous hasardez à juger et à condamner le maître sans l'entendre, sans même interroger et examiner les disciples dont l'accusation écrite n'est peut-être qu'une infernale délation surprise à beaucoup d'entr'eux. Si quelqu'un agissait ainsi à votre égard, pensez-vous que ce serait de la raison, de la justice, de l'impartialité, l'accomplissement d'un devoir dans l'intérêt de la vérité, en un mot la dignité qui convient à un philosophe, à un réformateur aussi profondément savant que puissant!

» Comment, Proudhon, vous ne savez rien de ce qui s'est passé en Icarie entre les déserteurs et la masse des Icariens restés fidèles, entre les déserteurs eux-mêmes, et vous vous érigez en Juge! Vous ne savez donc pas que les désertions et les hostilités ont été généralement la conséquence de manœuvres étrangères et *jésuitiques*; qu'on a sollicité, depuis Paris, des accusations et des protestations pour servir dans le procès qui m'était intenté et pour me faire condamner; qu'une lettre infâme, écrite d'Amérique dans ce but, et contenant les plus violens outrages contre la Colonie entière, et la plus audacieuse calomnie contre son chef, a été lue à l'audience; et que plusieurs des Icariens revenus en France et entendus comme témoins à charge ont protesté publiquement contre l'altération de leurs dépositions écrites et contre la condamnation! Vous ne savez donc pas que quatre des camarades des quinze signataires, vivant avec eux à Saint-Louis, ont refusé de signer la protestation! Vous ignorez donc que les protestans ne formaient qu'une très faible minorité dans l'Assemblée générale de la Communauté Icarienne; que tous les faits affirmés ou incriminés par eux ont été ou démentis ou discutés et approuvés par la grande majorité, et que cette protestation de onze hommes et de cinq femmes a été condamnée par d'innombrables protestations en sens contraire, signées par la Communauté entière et par d'innombrables Icariens de tous les pays! Et maintenant que vous le savez, puisque vous dites que l'accusation d'escroquerie tombe devant le témoignage irrécusable de la protestation, ne devez-vous pas dire aussi que les accusations d'une faible minorité signant la protestation tombent devant le témoignage d'une immense *majorité*?

» Et que de regrets n'auriez-vous pas, d'avoir si facilement donné votre confiance à la protestation, si je vous faisais connaître les signataires, leur ignorance, l'incroyable vanité, l'incroyable ambition et l'incroyable conduite de quelques-uns d'entre eux?

» Cette protestation que vous trouvez si naïve, j'affirme, moi, dont personne n'a le droit de mettre en doute la sincérité et la véracité, qu'elle n'est qu'un tissu d'erreurs grossières, de mensonges, de calomnies et d'impertinences, par exemple, quand ces malheureux s'oublient jusqu'à juger leur maître coupable de vanité et d'orgueil, quand ils osent, contre l'évidence même, l'accuser de froideur et d'insensibilité!

» Si, du moins, ils s'étaient séparés de nous pacifiquement et fraternellement; mais, dénaturés jusqu'à devenir les ennemis les plus acharnés et les plus cruels, ils n'ont cessé, depuis qu'ils ont déserté violemment en juillet 1849, de nous faire la guerre, de nous calomnier, d'exprimer des vœux pour notre ruine, et de faire tous leurs efforts pour perdre une Communauté qui renferme un grand nombre de vieillards, de femmes et d'enfans.

» Les malheureux! ils font cause commune avec les ennemis du Peuple, du Progrès, de la Démocratie, de la République, de la Communauté, avec les jésuites, avec le *Constitutionnel*, avec les juges et le gouvernement de Louis-Napoléon! Ils se donnent un incroyable mouvement à Saint-Louis, à la Nouvelle-Orléans, pour faire signer des calomnies contre leurs anciens associés qu'ils avaient adoptés pour *Frères* et dont ils voudraient aujourd'hui la ruine et la perte, et contre le chef qu'ils avaient choisi, qu'ils appelaient leur *Père*, et qu'ils s'efforcent aujourd'hui de déshonorer et de tuer. Oui, je le déclare solennellement, l'âme navrée de douleur, ce sont, par l'intention, des fratricides et des parricides, qui déshonoreraient la cause populaire par leur ingratitude, leur perfidie et leur méchanceté, si tant d'autres Travailleurs ne l'honoraient par leurs vertus.

» Je leur pardonne cependant, car ils ne savent ce qu'ils font, aveuglés et entraînés par les passions et les vices qui résultent d'une détestable éducation et d'une détestable organisation sociale; ils ne s'aperçoivent pas qu'ils font pire que les jésuites et l'aristocratie, et qu'ils perdraient la Démocratie, si elle pouvait être perdue par les fautes de quelques-uns de ses membres les plus obscurs.

» J'ajouterai un mot qui résume tout, c'est que, bien que la Communauté d'Icarie ne soit encore que dans sa période transitoire de préparation et d'enfantement, elle est déjà la République la plus démocratique et la plus sociale qui soit sur la terre.

» Quant à moi, plein de foi dans l'avenir, je marche en avant, convaincu que ni l'inconstance, ni les désertions, ni les calomnies, ni les folles protestations, ni les critiques sans fondement, n'empêcheront le triomphe de la Communauté d'Icarie!

» CABET. »

§ XXVIII. — Déloyauté de Proudhon et de quelques journaux réactionnaires.

On se rappelle que la *Revue du Havre* (page 84), m'a gravement insulté en citant des faits faux et calomnieux.

Le *New-York-Herald* (page 58), a calomnié la 1re Avant-Garde.

Le *Times*, de Londres, le Nestor des journaux anglais, a répété les calomnies publiées en France contre nous.

Eh bien! quand nous avons réclamé, ces journaux et d'autres ont refusé d'insérer nos réclamations et nos réponses.

10

Ces prétendus défenseurs de l'ordre, de la morale et de l'honnêteté, ont refusé la défense après avoir admis l'attaque !

Nous devons dire, cependant, que le *Constitutionnel* s'est montré souvent moins partial et moins injuste.

Mais la *Voix du Peuple*, mais Proudhon !... non-seulement il a publié le libelle de St-Louis contre moi, non-seulement il a défiguré, travesti, calomnié le système Icarien et la communauté icarienne, non-seulement il m'a insulté en me traitant d'homme ignorant, impuissant et ridicule ; mais encore il a refusé d'insérer ma réponse !

Après avoir cru de son devoir de publier l'attaque, il n'a pas cru de son devoir de publier la défense !

Il se vante que son système est la liberté ; mais il refuse la liberté de remédier au mal qu'il a pu faire !

En m'attaquant quand il me croyait expirant sous les coups d'innombrables ennemis, il espérait achever de me tuer ; en refusant ma réponse, il espérait m'enterrer : mais je ne suis pas encore mort !

Quant à lui, quel nom mérite son procédé ?

§ XXIX. — Je proteste contre ma 2ᵉ condamnation.

« Nauvoo, 6 juin.

« J'apprends à Nauvoo, le 8 mai, que, le 2 avril, le Tribunal correctionnel de Paris a refusé la remise demandée pour la fin de juillet et m'a condamné une seconde fois par défaut, par le motif que j'ai eu *tout le temps* de me présenter devant la Justice. Mais qu'en savent les deux ou trois juges qui l'ont ainsi décidé ? Est-ce qu'ils connaissent l'Amérique et la difficulté de faire un voyage de 3,000 lieues par terre, dans un pays neuf, et par mer pendant l'hiver ? Est-ce qu'ils pensent que je suis venu en Amérique pour mon plaisir ? Est-ce qu'ils ignorent les difficultés et les nécessités d'une Colonie naissante, comme celle que je suis venu fonder, que je dirige, et où tout est à créer et à organiser ! Et s'il n'y avait pas de moyens de transport en hiver ! si j'étais malade ! si je n'avais pas à perdre 2 à 3,000 fr. nécessaires pour le voyage ! Qu'il est peu sage, pour un Tribunal, de juger aussi témérairement et aussi aveuglément dans une pareille affaire ! Le fait est qu'il m'a été absolument impossible de me rendre à Paris pour le 2 avril, et que je n'ai pas même eu le temps de terminer une *Histoire de la Réalisation d'Icarie*, commencée pour faire connaître la vérité ! Mais comment m'étonner de l'erreur des juges, quand l'accusateur soutenait d'ailleurs (incroyable ignorance) que la ville de Nauvoo n'existait pas en Amérique !

» Enfin, me voilà condamné une deuxième fois par défaut, sans avoir été entendu, sans avoir connu l'accusation, quand j'aurais pu confondre les calomniateurs et pulvériser la calomnie !

» Me voilà déclaré escroc pour avoir tenté de réaliser pacifiquement un système d'organisation sociale et politique qui, dans ma conviction, doit assurer le bonheur de l'Humanité !

» Déclaré escroc après tant de protestations contre la première condamnation

» Escroc, moi! avec ma vie et mes écrits...! Mais c'est absurde...! Personne ne peut le croire...!

» Il faut que l'esprit de parti et la prévention politique produisent un étrange aveuglement!

» Quoi! si j'avais été ambitieux et cupide, j'aurais pu acquérir honneurs et fortune avec Louis-XVIII en 1815, avec Louis-Philippe en 1830, avec Louis-Napoléon, pendant notre commun exil en 1839; et quand la chose m'était si facile par une voie qu'on dit honorable, j'aurais eu la bêtise et la folie de m'abaisser à l'escroquerie pour enlever perfidement quelques sous à de pauvres ouvriers! Comment l'accusateur a-t-il pu ne pas reculer devant une supposition si insensée!

» Mais écoutez! (car puisqu'on essaie de me flétrir, il faut bien que je parle de moi (nécessité toujours dure) pour me défendre... L'Atlas, organe ministériel, a annoncé ma première condamnation en ces termes:

« M. Cabet, le célèbre apôtre du communisme, qui, aux journées du 17 mars » 1848 et du 16 avril, tenait en échec le Gouvernement provisoire, et fut bien » près de le renverser et de s'ériger en Dictateur de la France, vient d'être » condamné pour escroquerie. »

» Le journal de l'Evêché et du Gouvernement se trompe pour le 16 avril, auquel j'ai été complètement étranger; il dit vrai, quant au 17 mars; car, si j'avais été ambitieux et cupide, si j'avais désiré pêcher en eau trouble, comme on dit, et comme tant d'autres l'ont fait, j'aurais certainement pu renverser le Gouvernement et m'emparer du Pouvoir; et c'est pour cela que tous les gouvernemens ont fait tant d'efforts depuis pour m'empêcher d'arriver à la Représentation nationale. Mais comme les ennemis me grandissent et se rappellissent! Et quand on m'accorde tant d'influence et tant de puissance, quand j'ai été choisi cinq fois pour candidat par le Peuple de Paris, quand j'ai réuni près de 100,000 voix malgré mon absence et malgré l'état de siége, on ose soutenir que j'ai pu m'abaisser jusqu'à une misérable escroquerie!

» Ecoutez encore ce que, dans sa Presse du 13 février, disait Emile de Girardin, qui ne peut être suspect de partialité en ma faveur: (V. ci-avant p. 50.)

« Le Peuple, qui avait été mitraillé par Louis-Philippe en juin 1832 et en » avril 1834, pouvait s'en souvenir le 25 février 1848 et exercer de sanglantes » représailles... Nous nous souvenons encore de l'immense effet que produisit » une proclamation du 25, placardée sur tous les murs de Paris, et signée » Cabet, qui exhortait le Peuple au calme et à la patience.... Jamais, peut-» être, service plus grand ne fut rendu à la Société. Moins de deux ans ont » suffi pour le méconnaître. »

» Oui, Aristocrates de toutes espèces, prêtres, financiers, juges de Louis-Philippe, dont le Peuple n'avait pas oublié les impitoyables rigueurs si long-temps déployées contre lui, j'ai voulu, moi dont la voix pouvait être écoutée, j'ai voulu le déterminer à la modération, à la générosité, à l'oubli des injures; je l'ai voulu pour lui, dans son intérêt, pour sa gloire et son bonheur, en prenant d'ailleurs tous les moyens raisonnables de consolider sa victoire; mais je l'ai voulu aussi par un sentiment d'humanité et de philanthropie, par application de ma doctrine de moralisation populaire et de fraternité universelle; et quand, pendant une si longue vie, je n'ai consulté d'autre inspiration que celle d'une si haute philosophie, quand j'ai rendu à la Société l'un des plus grands services qu'elle ait reçus; un jeune Procureur de Louis-Napoléon et deux ou trois de ses juges viennent, moins de deux ans après, me témoigner la reconnaissance sociale en me condamnant comme escroc, pendant mon absence, sur les délations les plus niaises et les plus manifestement insensées....!!!

» Ecoutez encore la Patrie du 28 février 1848 et le Courrier français, deux journaux non suspects de partialité en ma faveur. (V. ci-avant, p. 50):

» Ainsi, le jour de la Révolution, je criais: Pas de vengeance, pas de violences, pas d'atteinte à la propriété! Et les magistrats du Parti que j'ai sauvé peut-être me condamnent comme n'étant alors qu'un vil escroc!

» Ecoutez enfin la Tribune Populaire de Genève (ci-avant p. 51):

« Ainsi, chef de l'Ecole socialiste la plus nombreuse et la plus populaire, j'ai plus fait depuis dix-huit ans pour purifier le Parti révolutionnaire que tous les tribunaux de la monarchie, et les juges de Louis-Napoléon affirment que je n'étais qu'un escroc....... !

» N'est-ce pas du vertige et de la folie?

» Mais j'ai *protesté*, je PROTESTE et je *protesterai* toujours.

» Et tout cela ne m'empêchera jamais de crier : Vive la France !

(*Populaire* du 7 juillet 1850.)   » CABET. »

§ XXX. — Appel. — 1ʳᵉ lettre au Président de la cour.

« Nauvoo, 10 juin 1850.

» Citoyen Président,

» J'ai interjeté appel du jugement par défaut rendu contre moi le 2 avril dernier par le tribunal correctionnel de la Seine, et vous avez sans doute trouvé dans le dossier la lettre que j'ai adressée en décembre au Président de ce tribunal.

» J'ai la conviction que l'erreur des premiers juges sera reconnue et réparée par les Magistrats supérieurs.

» Dussé-je même être définitivement victime d'une nouvelle erreur de la justice humaine, je me présenterai devant elle pour exposer ma complète justification, en répondant publiquement à toutes les accusations.

» Mais la Justice ne peut pas vouloir que, pour l'intérêt de ma défense personnelle, je compromette l'intérêt de la Colonie que j'ai fondée, que je dirige, et qui a nécessairement besoin de tout mon dévouement.

» Or, il me serait impossible de m'absenter avant quelques mois. D'ailleurs, résidant à Nauvoo, à 3000 lieues de Paris, on aurait dû et l'on devrait observer les délais proportionnels à cette distance.

» Du reste, je vais terminer un *mémoire* qui fera connaître à la Cour toute la vérité et qui lui prouvera que jamais peut-être la Justice n'a commis une erreur plus manifeste.

» Je suis, citoyen Président, etc.   CABET. »

§ XXXI. — 2ᵐᵉ Lettre au Président de la Cour.

Nauvoo,   octobre 1850.

« Citoyen Président,

» J'espérais pouvoir me rendre à l'appel de la Cour pour le 11 décembre prochain.

» Je voudrais pouvoir encore le faire, et je le désire vivement pour revoir ma famille et mes amis en France, pour obéir à la Justice, pour repousser d'abominables calomnies et pour obtenir le triomphe d'une éclatante justification.

» Quand même, comme tant d'autres serviteurs de la cause du Peuple et de l'Humanité, je devrais être victime d'une nouvelle erreur de la justice humaine, je suis tout résigné, et je préférerais même personnellement cette espèce de martyre à la position que m'ont faite la calomnie et la persécution.

» Mais aujourd'hui, quand dans ces deux derniers mois, la fièvre et le choléra ont en quelque sorte désorganisé nos ateliers et rempli nos âmes de douleur et de deuil, quand mon voyage à l'approche de l'hiver entraînerait nécessairement une absence de six mois, quand de nombreuses entreprises à peine commencées exigent absolument ma présence, quand mon concours est plus nécessaire pendant la saison rigoureuse, quand la faiblesse de nos ressources financières m'oblige d'éviter la dépense d'un si long voyage et d'une si longue absence, quand le vœu unanime de la Colonie s'oppose à mon départ, uand le dévouement à mes frères est manifestement le premier et le plus qmpérieux de mes devoirs, quand surtout l'intérêt de nos femmes, de nos enans, de nos vieillards et de nos infirmes réclame toute ma sollicitude et tous mes soins, tout se réunit pour me prescrire de sacrifier mon intérêt et mon désir personnel à l'intérêt et au salut de la Colonie.

» Je me trouve donc, à mon grand regret, dans l'impossibilité absolue de me rendre à Paris pour le 11 décembre.

» Je ne puis qu'envoyer à la Cour un mémoire qui lui fera connaître les principaux faits.

» C'est, a-t-on dit, dans l'intérêt de la Colonie que le procès a été commencé : comment serait-il donc possible d'être sourd à l'intérêt, aux constantes protestations et aux vœux de cette Colonie ?

» Néanmoins, si la Cour croyait devoir prononcer une condamnation par défaut, je le répète, je suis d'avance tout résigné.

» Mais si elle veut remettre l'affaire à la fin de mai, j'espère pouvoir alors m'absenter sans autant d'inconvénient, et je ferais tous mes efforts pour comparaître devant elle et répondre à mes aveugles accusateurs.

» Je suis, avec respect, citoyen Président, etc.

» CABET,
» Président de la Communauté Icarienne. »

§ XXXII. — **Adresses pour m'empêcher de partir.**

Les Icariens de Toulouse au cit. Cabet.

« Toulouse, le 4 mai 1850.

» Cher et vénéré père,

» Permettez à des disciples dévoués de venir vous exprimer leurs craintes sur les suites de la résolution prise par vous, après votre condamnation par le tribunal de police correctionnelle. Vous voulez venir vous défendre vous-même et apporter la preuve de la concession Peters. Mais cette pièce n'a-t-elle pas été déjà produite au tribunal de Saint-Quentin ? Y a-t-il quelqu'un qui doute de son existence ? Qui d'ailleurs croit à votre culpabilité ?...

» Laissez donc à vos ennemis ce prétexte à calomnies, et ne venez pas vous livrer à leurs coups. Fondez Icarie, et vous aurez réduit à néant leurs infernales machinations. Ils ont compté sur votre susceptibilité d'honnête homme pour perdre Icarie ; trompez leur attente. Restez en Amérique. Washington n'aurait été qu'un aventurier, un scélérat, s'il n'avait pas réussi. Vous serez le sauveur de l'Humanité dès que l'Icarie comptera un million d'habitans.

» Oh ! vous resterez, nous n'en doutons pas ; vous ne voudrez pas, par susceptibilité, perdre encore peut-être pour des siècles la cause de la Fraternité ? Cette sainte cause a eu assez de martyrs ; qu'elle ait enfin un Réalisateur !

(*Suivent* 104 *signatures.*)

Les Icariens de Bordeaux à la Colonie.

» Bordeaux, le 7 juin 1850.

» Communistes Icariens, nos Frères,

» Au nom de Dieu, de qui nous tenons la vie, au nom de l'Humanité et de la Démocratie, nous venons vous supplier d'engager notre vénérable père Cabet à ne pas revenir en France ; car ses accusateurs d'escroquerie ne demanderaient pas mieux qu'il y vînt. (*Suivent* 155 *signatures.*)

Les Icariens de la Colonie.

« Nauvoo, le 17 octobre 1850.

» Cher Citoyen Cabet,

» D'après la communication que vous nous avez faite du désir que vous aviez de vous rendre à Paris pour comparaître devant la Cour d'appel, nous tous membres de la Communauté Icarienne nous venons vous déclarer que tous ne pouvons consentir à ce départ.

» Nous sentons bien que c'est un nouveau sacrifice que nous vous demandons ; mais votre dévoûment bien connu nous donne la conviction que vous ne pourrez nous le refuser.

» Tous les hommes impartiaux comprendront qu'il vous est impossible d'abandonner la direction d'une Colonie qui compte à peine 18 mois d'installation.

» Chacun sait combien nos ressources doivent être minimes, combien nous avons besoin de votre appui et de la confiance qu'inspire votre direction.

» Nous aimons à croire que la Cour reconnaîtra que l'avenir de plusieurs centaines de familles vous met dans l'impossibilité de vous présenter à son appel.

» En conséquence, nous vous prions instamment de changer de résolution et de rester au milieu de nous, pour accomplir l'œuvre de régénération que vous avez entreprise avec nous.

» Agréez, Citoyen, l'assurance de notre sincère attachement.

Le Président de l'Assemblée générale, *Le Secrétaire,*

» Busque.   Gérard. »

Cette adresse a été votée à l'unanimité dans l'Assemblée générale.

Ainsi, beaucoup de circonstances, et surtout la crainte d'une condamnation prononcée par l'esprit de parti, s'opposent longtemps à mon départ. Mais enfin tout change, et je pense sérieusement à partir.

§ XXXIII. — **Je me détermine à partir. — Avis divers. — Souscription en France.**

Maintenant que notre Société Icarienne est reconnue par le congrès de l'État des Illinois et que la Colonie est assez forte pour supporter mon absence, pourquoi ne partirais-je pas ? — Parce que tu seras certainement condamné par l'esprit de parti !

Mais si je ne pars pas, je vais être certainement condamné par défaut ; puis le jugement deviendra définitif, et nous aurons tous les inconvéniens d'une condamnation.

D'ailleurs, j'irai d'abord en Angleterre, où je sonderai le terrain et je flairerai l'air ; si l'atmosphère politique est trop chaud, si le vent annonce l'orage, je ne bougerai pas et laisserai passer la tempête, car autrement je serais coffré d'abord, condamné et définitivement coffré.

Si le vent me paraît bon, je franchirai la Manche, et je ne doute pas qu'on me rendra justice : et alors quel triomphe pour la Colonie, pour le Communisme, pour le Socialisme !

Si je suis condamné..., Mais non, c'est impossible : je ne puis pas, en temps calme, être condamné, quand j'apporterai ma présence, le traité Peters, etc., etc. Non, je ne serai pas condamné !

Mais enfin ce n'est pas la première fois que.... Eh bien! je serai martyr ; ma torture ne sera pas pire en prison que celle que me fait endurer la calomnie quand je suis libre. J'écrirai dans mon cachot et je pourrai encore n'être pas inutile au Peuple et à l'Humanité. Il est vrai que si ma santé, depuis longtemps gravement altérée, si ma vue à moitié détruite par la fatigue et les soucis, ne me permettaient plus la lecture et l'écriture ; si je devenais aveugle ou paralysé dans une tombe cellulaire, alors... Mais non, je ne serai pas condamné !... Au contraire, la justice et la vérité, la République et la Démocratie, obtiendront avec moi un éclatant triomphe. Il faut partir !

Fais ton devoir, advienne que pourra ! Oui, je partirai !

Je partirai ! c'est bien facile à dire ! Les juges qui me disent : Venez! ordonnent fort à leur aise ; les paroles ne leur coûtent rien... Le transport est une bagatelle dont ils ne s'occupent même pas. Mais de l'argent? Il faut de l'argent et beaucoup d'argent pour aller de Nauvoo à Paris, pour faire 6,000 lieues, aller et retour. Et pour aller plus vite (car il ne faut pas perdre mon temps en route), il faudra prendre le bateau à vapeur d'Amérique en Angleterre. Il faudra, pour les accidens, pour les dépenses imprévues, pour les frais accessoires de voyage (pertes, vols, etc.), pour les frais de séjour, pour les frais du procès, de sténographie, d'impression (1) ; que sais-je? 6,000 fr., ou 10,000 fr., ou 20,000 fr., mais certainement beaucoup d'argent... Et qui m'en donnera ? Ce ne seront pas les Juges, ce n'est pas le Gouvernement qui me poursuit : ce sera la caisse sociale, la caisse de la Colonie, de la Communauté, qui est pauvre,

---

(1) Le premier procès par défaut, avec la sténographie et 2 mémoires, a coûté plus de 3,000 fr. ; la sténographie devant la cour a coûté 300 fr. ; le procès a certainement coûté plus de 10,000 fr. en argent; et la perte en temps et par les conséquences de la saisie des livres est incalculable.

qui n'a peut-être pas assez pour ses besoins, qui n'a pas un centime à perdre... Ah! les Juges ne s'arrêtent pas à toutes ces difficultés pratiques! Personne peut-être ne pense aux mille difficultés (1) qui entravent celui qui veut faire son devoir !...

Pour aplanir les obstacles, je me décide, moi qu'on accuse d'avoir escroqué les émigrans, à proposer, pour les frais de mon voyage, aux Icariens de France, une souscription qui aura le double avantage de me faire connaître leur opinion et leur sentiment sur le voyage.

Beaucoup refusent par la crainte de me voir victime; d'autres souscrivent pour une somme totale d'environ 2,500 fr. ; et beaucoup ne prennent aucune part parce qu'on n'a pu leur faire connaître avec certitude ma disposition personnelle.

Mais l'affaire traînant en longueur, je me décide à partir avant de connaître son résultat.

Depuis longtemps, j'avais entrepris une *Histoire de la Réalisation d'Icarie*, que je croyais non seulement nécessaire pour l'intelligence du procès et ma justification, mais encore très utile pour la propagande ; c'était à peu près le travail qui vient de m'occuper depuis deux mois. J'en avais même envoyé la première feuille à Paris, où elle avait été imprimée (impression perdue). Et si cette *Histoire* avait pu être terminée comme mon dernier ouvrage sur mon procès, je le déclare hautement, ma justification aurait été si éblouissante que l'accusation devant la Cour aurait été absolument impossible.

Mais j'ai été constamment si accablé d'affaires dans la Colonie jusqu'à la dernière minute de mon départ (c'est littéralement vrai), qu'il m'a été absolument impossible de terminer cette *Histoire de la Réalisation d'Icarie*; en sorte que mes travaux très nombreux et toujours urgens m'ont exposé à la plus redoutable condamnation, faute d'instruction suffisante de la part des juges.

Tout ce que j'ai pu faire, ça été de rédiger et d'envoyer une courte DÉFENSE imprimée pour la Cour d'appel, certainement suffisante pour des juges sans prévention, mais insuffisante pour des magistrats prévenus, quoique éclairés, et voulant être impartiaux.

(1) Une partie de l'argent emporté pour mon voyage ayant été oublié à Saint-Louis, j'aurais été obligé de rester quatre ou cinq jours à Liverpool si un passager n'avait pas consenti à me prêter la somme nécessaire pour aller de Liverpool à Londres!

MATIÈRES CONTENUES

DANS LES PREMIÈRE ET DEUXIÈME PARTIES.

La 3e partie comprend les pages 153 à 240 et contient le Procès
devant la Cour d'appel, la défense du cit. Cabet et l'acquittement. Voici
la table des matières de cette 3e partie.

MATIÈRES CONTENUES

DANS LA TROISIÈME PARTIE.

FIN.

Paris. — Typ. et Lith. FÉLIX MALTESTE et Cie, rue des Deux-ortes-Saint-Sauveur, 22.

ANCIENS OUVRAGES SOCIALISTES DU CIT. CABET.

OUVRAGES ÉPUISÉS.

DOUZE LETTRES SUR LA COMMUNAUTÉ. — GUIDE DU CITOYEN. — ÉTAT DE LA QUESTION SOCIALE. — CATACLYSME SOCIAL. — TOUTE LA VÉRITÉ AU PEUPLE. — LES MASQUES ARRACHÉS. — EAU SUR FEU, réponse à Timon. — INCONSÉQUENCES DE M. DE LAMENNAIS.

LE RÉPUBLICAIN

POPULAIRE ET SOCIAL,

Fondé par le Peuple, rédigé par le citoyen CABET et un grand nombre d'écrivains démocrates,

Hebdomadaire; puis plusieurs fois par semaine, en attendant qu'il puisse être quotidien.

Paris.—Typographie FÉLIX MALTESTE et Cie, rue des Deux-Portes-St-Sauveur, 22.

www.ingramcontent.com/pod-product-compliance
Lightning Source LLC
Chambersburg PA
CBHW071846200326
41519CB00016B/4267